Frettchen
Ein Leben im Chaos

In lieber Erinnerung an Chester und Pepper,
meine zwei tapferen Jungs

Yvonne Herold

Frettchen Ein Leben im Chaos

Erlebnisbericht einer
Frettchenhalterin

Yvonne Herold, geboren 1978, aufgewachsen auf der Insel Usedom, lebt in der Universitäts- und Hansestadt Greifswald. Schon seit frühester Kindheit sind Tiere ein wichtiger Bestandteil ihres Lebens. Seit 2000 hält sie Frettchen und hat sich ganz und gar den kleinen Raubtieren verschrieben. Ein weiteres großes Hobby ist die Tier- und Landschaftsfotografie.

Bibliografische Information der Deutschen Nationalbibliothek:
Die Deutsche Nationalbibliothek verzeichnet diese Publikation in der Deutschen Nationalbibliografie; detaillierte bibliografische Daten sind im Internet über http://dnb.d-nb.de abrufbar.

© 2007 Yvonne Herold
Herstellung und Verlag: Books on Demand GmbH, Norderstedt
ISBN 978-3-8334-7940-3

Inhaltsverzeichnis

Vorwort

Dieses Buch soll kein theoretischer Ratgeber über Frettchen werden, davon gibt es mittlerweile genug. Aber Theorie und Praxis sind beim Thema Frettchen zwei völlig unterschiedliche Dinge. Diese Seiten sollen daher ein paar Einblicke in die Praxis, den Frettchenalltag, geben. Eigentlich ist es eine Liebeserklärung an (meine) Frettchen. Ein bisschen Theorie wird sich aber nicht vermeiden lassen. Es fließen hier jedoch vorwiegend viele persönliche Erlebnisse mit den kleinen Monstern ein. Da jedes Frettchen eine eigene Persönlichkeit hat, kann man aber das Verhalten meiner Tiere nicht verallgemeinern. Zu einigen Themen werde ich meinen eigenen Standpunkt äußern.

Seit Anfang 2000 habe ich Frettchen und kann mir ein Leben ohne diese liebenswerten Nervensägen überhaupt nicht mehr vorstellen. Sie machen einem so viel Freude und bringen so viel Schwung ins Leben. Einem Laien Frettchen zu beschreiben ist nicht einfach. Die kleinen Räuber sind mit ihrer neugierigen, manchmal recht aufdringlichen Art nicht jedermanns Sache. Aber so sind Frettchen nun mal. Sie wollen immer wissen, was man gerade macht, wollen alles genau untersuchen und stehen furchtbar gerne im Mittelpunkt. Die kleinen Racker können einen im einen Moment zur Verzweiflung treiben und im nächsten Augenblick so unschuldig zu einem aufblicken, dass man einfach nur schmunzeln muss und ihnen nicht mehr böse sein kann. Gerade weil sie so sind, wie sie sind, lieben wir sie so sehr.

Und nun viel Spaß beim Lesen ...

Wie wird man Frettchenbesitzer

Ich weiß nicht, ob es vielen Frettchenbesitzern so ergangen ist, aber ich war, obwohl ich mir vorab viele Informationen besorgt habe, nicht vorbereitet auf das, was mich mit meinen neuen Hausgenossen erwartete. Genau weiß ich leider nicht mehr, wie ich auf die Idee kam, mir ausgerechnet Frettchen ins Haus zu holen. Als ich 1996 meine Lehre begann, zog ich vom Land in die Stadt. Im Studentenwohnheim erübrigte sich die Frage nach einem Haustier. Zwei Jahre später zog ich in eine 2er-WG, und als ein weiteres Jahr danach der Prüfungsstress vorbei war und ich auch einen Arbeitsvertrag in der Tasche hatte, hielt mich nichts mehr davon ab, nach einem geeigneten vierbeinigen Hausgenossen zu suchen. Ich liebe Hunde über alles, aber wenn man acht Stunden am Tag arbeiten muss und in einer Mietwohnung lebt, ist das für Bello nicht unbedingt artgerecht. Also vielleicht eine Katze? Nee, ich weiß nicht so recht. Nagetiere kamen überhaupt nicht in Frage, da ich als kleines Kind ein unschönes Erlebnis mit den Zähnen dieser Spezies hatte. Dann ein gefiederter Freund? Ich wollte schon ein Tier, mit dem man richtig toben und knuddeln kann.

Hier kommt auch schon, wie angekündigt, das erste Mal mein eigener Standpunkt zur Sprache. In vielen Fachbüchern liest man: "Wenn Sie nicht genug Zeit für einen Hund haben, sollten Sie sich auch keine Frettchen anschaffen." Das halte ich für absoluten Quatsch. Richtig ist, dass Frettchen mindestens genauso viel, aber wohl eher mehr Zeit beanspruchen wie ein Hund. Trotzdem kann man beides nicht vergleichen. Zum Beispiel können sich Frettchen prima in der Wohnung austoben, Hunde hingegen brauchen Bewegung im Freien.

Ich glaube, im Fernsehen habe ich dann einen Bericht über Frettchen gesehen und mein Interesse war geweckt. Damals hatte ich noch keinen Computer und wusste auch mit dem

Wort Internet nicht viel anzufangen. Also durchstöberte ich sämtliche Buchläden und hatte auch recht schnell zwei Bücher gefunden. Nachdem ich diese im Rekordtempo gelesen hatte, war ich mir sicher, dass ich Frettchen haben wollte. Ein großer Käfig war schnell entworfen, und nach einigem Bitten ließ sich mein Vater breitschlagen ihn zu bauen. Dann konnte ich mich auf die Suche nach Frettchen machen. Das war jedoch leichter gesagt als getan. Ende Januar 2000 entdeckte ich dann eine Zeitungsanzeige. Ich rief sofort dort an und vereinbarte für den nächsten Tag einen Termin. Als ich das Gehöft sah, ahnte ich nichts Gutes. Das Haus war in keinem guten Zustand. An den Fenstern blätterte die Farbe ab, der Putz an den Hauswänden fiel schon herunter, und ob das Dach einem leichten Sturm standhielt, wollte ich gar nicht wissen. Auf dem Hof lag überall Sperrmüll und Gerümpel herum. Dazwischen liefen Enten und Hühner herum und gackerten geschäftig. Auch die Ställe der vielen unterschiedlichen Tiere (Hühner, Enten, Kaninchen, Frettchen) waren windschief und marode.

Nachdem die Frau drei wütend kläffende Hunde weggesperrt hatte, zeigte sie mir ihre Frettchen. Die Tiere wurden in einem ehemaligen Hühnerstall gehalten. Der Boden war mit Stroh bedeckt und es lagen ein paar Kisten und Kartons herum. Eine sehr zierliche Iltisfähe zeigte sich neugierig. Stolz erzählte die Frau mir, dass das Tier im letzten Jahr sechzehn Welpen hatte und fast bei der Geburt gestorben wäre. Von weit her kämen die Leute wegen der Welpen zu ihr und aus dem letzten Wurf sei nur noch ein Zimtrüde übrig. Der schaute gerade vorsichtig um die Ecke und beschnupperte mich. Es war ein sehr schönes und liebes Tier.

Zum ersten Mal in meinem Leben streichelte ich nun ein Frettchen. Ich war total aufgeregt und nervös. Vorsichtig fuhr ich mit der Hand über das weiche Fell. Der Rüde war scheu, aber neugierig. Schon nach kurzer Zeit krabbelte er auf meinen Schoß und untersuchte geschäftig meine Jacke. Dabei vergrub er seine Nase tief im Stoff und atmete prustend aus. Zwischen den Schulterblättern hatte er eine große verschorfte Wunde. Als ich die Frau nach der Ursache dafür fragte, bekam ich zu hören, dass der Jungrüde jetzt in der Ranz sei und mit den anderen Rüden um die Weibchen kämpfe. Daher müsse er jetzt auch so schnell wie möglich weg, bevor er noch eine der Fähen decke. Einmal Inzucht können Frettchen zwar verkraften, aber es müsse nicht unbedingt sein, fügte sie noch hinzu. Diese Einstellung schockierte mich doch sehr und ich nahm den süßen Zimtrüden nicht mit.

Dann ergab sich eine Weile nichts. Mitte Februar 2000 entdeckte ich ein neues Frettchenbuch in einem Zoogeschäft und kaufte es. Bei der Gelegenheit sah ich mich im Laden um. Und zwischen den Vogelvolieren saßen in einem kleinen Terrarium doch tatsächlich zwei Frettchen! Das Terrarium war sehr klein und spärlich eingerichtet. Eine Schicht Sägespäne lag auf dem Boden. Das Inventar bestand nur aus einem leeren Futter- und einem Wassernapf, in dem mehr Späne als Wasser waren. Die beiden Tiere schliefen eng aneinander gekuschelt.

Zu meiner Überraschung erhielt ich die Auskunft, dass die Tiere neun Wochen alt waren. So junge Welpen zu dieser Jahreszeit? Die Verkäuferin erklärte mir, dass die Tiere im nahe gelegenen Naturerlebnispark zur Welt gekommen waren, und "in freier Natur" sei eine so späte Geburt durchaus normal. Die beiden waren wirklich erst zwölf Wochen alt. Na, was denn nun, neun oder zwölf Wochen? Es blieb dann bei zwölf Wochen.

Die Verkäuferin wollte wissen, welches Tier ich nehmen würde, das Männchen oder das Weibchen. Als ich sagte, dass ich mich für beide interessiere, schaute sie mich mit großen Augen an. Was denn, gleich zwei? Das war ungewöhnlich. Anscheinend kannte sie sich nicht mit den Bedürfnissen von Frettchen aus, denn sonst hätte sie ja gewusst, dass man die kleinen Marder nicht einzeln hält.

Während des Gesprächs war ich mit der Verkäuferin in den abgetrennten Bereich mit den Volieren getreten. Hitze und Lärm kamen mir entgegen. Die Frau hatte blitzschnell den Rüden gegriffen und aus dem Terrarium geholt. Sie hielt ihn mir entgegen, meinte aber, ich solle vorsichtig sein, er beiße. Selber auf den Arm nehmen durfte ich ihn nicht. Ziemlich verwirrt verließ ich die Zoohandlung.

Nach einer schlaflosen Nacht beschloss ich, mich direkt im Naturpark nach dem Alter der Frettchen zu erkundigen. Die Tierpflegerin, die mir als einzige dazu hätte Auskunft geben können, war aber gerade in Urlaub. Na toll. Also beschrieb ich einem Tierarzt die Größe der Frettchen und bekam dort, wie befürchtet, die Antwort, die Tiere seien schon ausgewachsen. In einer anderen Zoohandlung bekam ich die gleiche Auskunft. (Wie sich viel später herausstellte, waren die Tiere bereits zwei Jahre alt.) Da wollte man mich doch tatsächlich übers Ohr hauen!

Noch eine schlaflose Nacht. Doch eigentlich war es bereits um mich geschehen. Diese zwei kleinen niedlichen Wesen hatten sich klammheimlich in mein Herz geschlichen. Also ging ich am nächsten Tag wieder in die Zoohandlung. Da der Käfig noch nicht fertig war, vereinbarte ich dort, dass ich die Tiere in einer Woche abholen würde.

Kira & Chester ziehen ein

Ende Februar 2000 war es dann so weit. Gegen Mittag holte ich meine zwei Frettchen ab. Eine ältere Dame hatte ihnen gerade frisches Futter gegeben. Was ich sah, war aber nicht gerade vorbildlich. Die beiden schleckten genüsslich Sahnepudding. In einem zweiten Napf waren Reste von Kartoffeln mit Soße zu erkennen. Ich sprach die Frau darauf an und bekam ein kurzes Referat über Frettchenernährung zu hören. Demzufolge sollte ich es so beibehalten, dass die Tiere die Reste vom Mittagstisch bekommen, denn "es schmeckt ihnen doch so gut". Ich nahm wortlos meine Tiere und verließ die Zoohandlung.

An dieser Stelle möchte ich wieder kurz meine eigene Meinung zum Besten geben. Die Tiere in einem Zoogeschäft zu kaufen, war ein Anfängerfehler. Sie waren dort weder artgerecht untergebracht noch versorgt worden, und mit dem Kauf habe ich dies noch unterstützt, denn so war Platz für Nachschub. Daher möchte ich von solchen Käufen unbedingt abraten, auch wenn einem die Tiere leid tun. Ein besserer Weg ist es, den Amtstierarzt zu informieren.

Des Weiteren möchte ich hier kurz auf ein Thema eingehen, das mir sehr am Herzen liegt. Ich bin der Auffassung, dass man sich als Anfänger nicht auch gleich noch Tiere in besonders ausgefallenen Fell- und Farbvarianten holen sollte. Da Sonderfarben fast immer auf Kosten der Gesundheit der Tiere (egal welcher Rasse) gehen, können damit bereits auf Neulinge große Probleme zukommen. Aus diesem Grunde habe ich mir von vornherein vorgenommen, dass meine ersten Frettchen möglichst iltisfarben sein sollten oder zimtfarben. Beim Frettchen ist auch die Farbvariante Albino eine Standardfarbe. Damals gefielen mir Albinos aber überhaupt nicht. Heute jedoch liebe ich die kleinen Monster mit den rotglühenden Augen!

Nun waren wir also zu Hause angekommen und ich konnte mir Kira und Chester genauer ansehen. Beide waren wunderschöne

Iltisfrettchen, mit einer ausgeprägten Maske und dunklen Nasen. Beine, Pfoten und Schwanz waren tiefschwarz. Der Rücken war dunkel mit brauner Unterwolle. Kira war eine bildhübsche zierliche Fähe von gerade mal 650 Gramm. Chester war ein schöner stattlicher Rüde und brachte knapp 1,5 Kilo auf die Waage.

Der Käfig war noch nicht ganz bezugsfertig, und so mussten die zwei noch etwas im Transportkorb ausharren. Ich stellte ihnen Futter hinein und machte dabei auch gleich Bekanntschaft mit Chesters Zähnen. Es sollte nicht zum letzten Mal Blut fließen. Jetzt fiel mir auch ein sehr penetranter Geruch auf. Ich hatte ja gelesen, dass Frettchen einen gewissen Eigengeruch haben, aber das war doch ziemlich starker Tobak. Zum damaligen Zeitpunkt konnte ich noch nicht wissen, dass es sich bei diesem Gestank um das Analdrüsensekret handelte. Als Chester zubiss, hatte er auch gleich noch eine "Stinkbombe" gezündet.

Während wir weiter am Käfig werkelten, hörte man lautes Gekeife aus der Transportbox. Als ich nachsah, versuchte Chester gerade, Kira zu decken. Er hatte sich in ihren Nacken verbissen und auf die Seite geworfen. Sie wollte aber zum Glück nichts davon wissen und wehrte sich lautstark. Na super, das fing ja gut an.

Am frühen Abend war der Käfig fertig. Ich war stolz auf meinen Entwurf und noch stolzer auf meinen Vater, der ihn in die Realität umgesetzt hatte. Nun hatten meine Frettchen ihre dreistöckige Traumvilla. Der Käfig hatte die Ausmaße eines kleinen Kleiderschrankes, war 1,50 Meter hoch, 1,40 Meter lang und 60 Zentimeter tief. In der unteren Etage standen das Schlafhäuschen, die Futternäpfe und das Klo. Die zweite Etage bot viel Platz zum Spielen. Die oberste Etage war nur bis zur Hälfte gezogen, da ich auf der anderen Hälfte eine Hängematte plante.

Gleich nach ihrem Einzug inspizierten Kira und Chester ihr neues Heim ausgiebig und intensiv. Jeder Winkel wurde untersucht und die Nase in jede Ritze gesteckt. Die Kuscheltücher wurden durcheinander gebracht, das Katzenklo verschoben, der Katzensand ausgebuddelt und die Näpfe umgeworfen.

Die nächsten Wochen waren eine Achterbahnfahrt der Gefühle. Ich hatte leider überhaupt keine Anfängertiere erwischt – die beiden waren sehr scheu und bissig. Tagsüber schliefen sie fast nur, und nachts nahmen sie den Käfig beinahe auseinander und machten so einen Heidenlärm, dass ich befürchtete, jeden Moment würde ein genervter Nachbar vor der Tür stehen. Frisches Futter und Wasser konnte ich nur mit dicken Lederhandschuhen in den Käfig stellen, denn sofort war Chester zur Stelle und verbiss sich in meine Hand. Nach drei Tagen war ich mit den Nerven total am Ende und so weit, zumindest Chester wieder wegzugeben. Kira war zwar auch noch bissig und scheu, aber nicht so aggressiv wie Chester.

Glücklicherweise wollte niemand Chester haben und eine Freundin meiner Mitbewohnerin kam mir zu Hilfe. Sie schnappte sich Chester einfach und knuddelte ihn ordentlich. Der kleine Mann wurde total überrumpelt und ließ die Streicheleinheiten über sich ergehen. Nachdem dies ein paar Tage lang wiederholt worden war, wurde Chester etwas zugänglicher und schnappte nicht immer gleich zu. Er begann langsam zu begreifen, dass Hände ihm nicht wehtun.

Die ersten Ausflüge im Zimmer waren für die zwei total spannend und interessant. Langsam kamen die steifen Beinchen wieder in Schwung und die Muskeln wurden geschmeidiger. In den ersten Tagen konnten beide kaum über die Türschwelle springen, so eingerostet waren sie. Das ließ mich nur erahnen, wie lange sie in diesem winzigen Terrarium gewesen sein mussten.

Jedenfalls wurde auch der hinterste Winkel des Zimmers inspiziert. Die Anbauwand wurde leer geräumt, man musste sich in den Zwischenraum von Heizung und Wand quetschen und die Steckdosen genau unter die Lupe nehmen. Auch die Grünpflanzen erregten starkes Interesse, waren aber glücklicherweise außer Reichweite. Meistens jedenfalls. Beim Frühjahrsputz wurden auch die Pflanzen nicht vergessen. Mein ganzer

Stolz, ein riesiger Farn, musste mal wieder ausgedünnt werden. Ehe ich mich versah, hingen schon zwei Frettchen im Topf und waren eifrig am Buddeln. Die Blumenerde wurde gleichmäßig im Zimmer verteilt. Also Frettchen einpacken und Staubsauger auspacken.

Wenn man Frettchen im Haus hat, gibt es einige Dinge zu beachten, die einem aber ziemlich schnell in Fleisch und Blut übergehen. Zum Beispiel sollte man Türen langsam öffnen und schließen, damit man die Tiere nicht unbeabsichtigt einklemmt. Man kann keine Sachen einfach so rumliegen lassen, es sei denn, man sucht gerne danach. Auch sich einfach mal so aufs Sofa oder Bett fallen lassen nach einem schweren Tag ist nicht drin. Der Satz "Ordnung ist das halbe Leben" gilt für Frettchen nicht. Man räumt den kleinen Räubern ständig hinterher.

Für Spielzeug aller Art interessierten sich die zwei überhaupt nicht, es wurde mal kurz drauf rumgekaut, das war's dann aber auch schon. Da Frettchen Röhren lieben, kaufte ich einige Meter Drainagerohr. Ich hatte ja keine Ahnung, was für eine Freude ich den beiden damit machen würde. Kira schoss wie ein Blitz durch die Röhre. Chester brauchte etwas länger, der Durchmesser hätte für ihn wirklich nicht kleiner sein dürfen.

Nachdem beide einige Male hin und her geflitzt waren, riss Kira plötzlich ihr Mäulchen weit auf, legte den Kopf zurück, stellte sich auf die Zehenspitzen und schlenkerte mit dem Oberkörper durch die Luft. Ich traute meinen Augen kaum. Ich hatte in einem Buch über diesen Veitstanz gelesen. Dort wurde er sehr gut beschrieben und war doch gleichzeitig so nichtssagend, wenn man es nicht mit eigenen Augen gesehen hat. Ich saß jedenfalls selig auf meiner Couch und schaute meinen beiden wild tanzenden Frettchen zu, und in diesem Moment waren aller Kummer und Ärger vergessen. Als Kira dann auch noch zu muckern anfing, konnte ich mich vor Lachen kaum halten. Da hatte ich mir aber zwei wahre Clowns ins Haus geholt.

Besonders Kira hatte eine unglaubliche Mimik. Wenn sie tanzte, strahlten ihre Augen regelrecht und sie hatte so einen frechen und schelmischen Gesichtsausdruck, dass man einfach schmunzeln musste. Chester war eher der gemütliche Typ. Er hatte es selten eilig, und wenn Kira mal wieder beim Spielen das Tempo steigerte, konnte er kaum folgen. Er hatte einen total niedlichen Gesichtsausdruck – wie ein Teddybär. Aber knuddeln konnte man mit ihm immer noch nicht.

Da Chester immer noch die Stimme der Natur rief und er nicht von Kira abließ, wurde er nachts ausquartiert. Er durfte im Nebenzimmer im Transportkorb übernachten.

Eines Morgens wurde ich gegen 6.30 Uhr von seltsamen Geräuschen geweckt. Erst dachte ich, der Nachbar unter uns räume seine Möbel um. Doch die Geräusche erinnerten stark an ein Kratzen. Kira schlief selig. Und Chester konnte ich unmöglich hören. Der Transportkorb stand auf dem Teppich und müsste die Geräusche schlucken, wenn Chester im Korb randaliert. *Wenn* er im Korb war. Mir kam eine Ahnung. Blitzschnell war ich aus dem Bett und lief zum Nebenzimmer. Als ich die Tür öffnete, kam mir Chester bereits neugierig und freudestrahlend (so kam es mir zumindest vor) entgegen. Hätte ich in diesem Moment meinen eigenen Gesichtsausdruck sehen können, wäre ich wahrscheinlich in schallendes Gelächter ausgebrochen. Chester ließ sich schnell einsammeln und ich begutachtete den Schaden. Der war aber gar keiner. Chester hatte einfach die Tür der Transportbox aus den Angeln gehoben.

Es war bereits Ende März. Chester wurde Kira gegenüber immer aufdringlicher. Er lief ihr ständig hinterher, packte sie im Genick und schleppte sie durch die Gegend oder versuchte sie zu decken. Er war sehr unruhig und fraß schlecht. Er begann stark zu riechen und sein Fell wurde ganz speckig. Kira war zum Glück zu keinem Zeitpunkt interessiert und wehrte Chesters Annäherungsversuche laut keifend ab.

Um nicht doch noch Frettchenmama zu werden, ließ ich Chester kastrieren. Beim Tierarzt mussten wir kurz warten. Chester verhielt sich wirklich vorbildlich und war ganz artig. Bei der Voruntersuchung zitterte der arme Kerl am ganzen Leib und ich hätte ihn am liebsten geschnappt und wäre wieder nach Hause gegangen. Nachdem er die Narkose bekommen hatte, sollte ich ihn im Zimmer laufen lassen. Neugierig untersuchte er alles und machte auch gleich eine Pfütze. Chester schaffte noch nicht mal eine Runde im Zimmer, da versagten ihm die Hinterbeine und er schlief kurz darauf ein. Während der OP blieb ich nervös im Wartezimmer.

Nach zwanzig Minuten war alles vorbei. Nur zwei winzige grüne Fäden zeugten noch von dem Eingriff und sein Bauch war mit einem silbrigen Puder bedeckt. Der Arzt erklärte mir, dass Chester noch etwa zwei Stunden schlafen würde. Damit er nicht auskühlte, wurde er in ein Handtuch gewickelt und zu Hause in einem ruhigen Eckchen vor die Heizung gestellt.

Als ich später nach ihm sah, war Chester schon wach. Ich öffnete den Kennel und ließ ihn im Zimmer laufen. Er stand noch ziemlich wacklig auf den Beinen. Als ich ihn zu Kira in den Käfig setzte, begann er sofort zu fressen und hatte auch mächtig Durst. Kira war völlig aus dem Häuschen. Mit aufgeplustertem Schwanz lief sie um ihren Bruder herum und beschnupperte ihn von allen Seiten. Chester war ziemlich genervt davon, aber Kira ließ bald von ihm ab. Den Rest des Tages schlief Chester.

Endlich ein Team

Seit etwas über einem Monat war ich nun Frettchenbesitzer, und mit Kira machte ich gute Fortschritte. Wenn sie Auslauf hatte, konnte ich sie einfach streicheln und mich auch zu ihr auf den Boden setzen, ohne dass sie weglief oder anfing zu beißen. Auch auf den Arm nehmen konnte ich sie schon. Lange hielt sie es dort zwar nicht aus, aber es wurde besser.

Chester hingegen war immer noch sehr grob und schnappte oft. Erst Mitte April brachte er mir so viel Vertrauen entgegen, dass ich ihn ohne weiteres anfassen und streicheln durfte. Als ich ihm das erste Mal den Bauch kraulen durfte und er es mit geschlossenen Augen zuließ, war ich unsagbar stolz.

Trotzdem wurden aus den beiden niemals Schmusetiere. Zu viel menschliche Nähe konnten sie nicht ertragen und flüchteten.

Beide waren charakterlich und natürlich auch körperlich sehr unterschiedlich. Kira ist eine sehr kleine zierliche Fähe. Ihr Gesicht mit den leuchtenden schwarzen Knopfaugen und der wunderschön gezeichneten Maske ist enorm ausdrucksstark. Sie läuft nicht, sie tippelt eher (wie eine Dame auf Stöckelschuhen). Sie ist sehr flink und macht beim Toben die unglaublichsten Verrenkungen. Ich habe bis heute kein anderes Frettchen gesehen, das beim Spielen so einen frechen und glücklichen Gesichtsausdruck hat und so strahlende Augen.

Sie ist eine sehr ruhige Fähe. Sie begegnet fremden Menschen und Situationen sehr vorsichtig, teils ängstlich. Sie würde jetzt aber eher davonlaufen als zubeißen. Sie kann auch mal richtig zickig sein, wenn ihr was nicht in den Kram passt, und quittiert meinen Tadel dann ihrerseits mit wildem Gemucker. Wenn ich dann zurückmuckere, dreht sie völlig durch. Mein "Zorn" ist dann längst verflogen und einem Grinsen gewichen. Aber eigentlich ist sie ein Engel, ein richtiges Vorzeigefrettchen. Immer neugierig und aufmerksam.

Sie mag es nicht, auf den Arm genommen und gestreichelt zu werden. Sie zeigt ihre Zuneigung auf andere Art – durch Anstupsen mit der Nase, oder indem sie sich mit den Vorderpfoten auf meinen Fuß stellt. Kleine Gesten, die mir unendlich viel bedeuten.

Chester war ein bildhübscher Kerl und eine imposante Erscheinung. Ein richtiger Teddybär – rundes Gesicht und Knopfaugen. Beim Toben war er recht ungeschickt und tollpatschig. Wenn Kira um ihn herumhüpfte, konnte er ihr kaum mit den Augen folgen. Bis er seine Massen dann in Bewegung gesetzt hatte, war sie schon längst auf und davon. Und Chester war ein echter Grobian. Bis zuletzt musste ich beim Toben mit ihm dicke Lederhandschuhe tragen, da er seine Kraft einfach nicht einschätzen konnte. Doch selbst dann trug ich noch tiefe Kratzer davon. Fremden gegenüber war Chester sehr unfreundlich und biss fast jeden. Nur einige ausgewählte Personen durften ihn anfassen.

An den Wochenenden fuhr ich oft zu meinen Eltern. Seit Kira und Chester etwas zutraulicher waren, durften sie mit. Da meine Eltern einen riesigen Garten haben, wollte ich mit den Frettchen an der Leine dort spazieren gehen. Beim Versuch, Kira das Geschirr anzulegen, versagte ich allerdings kläglich. Sie wand sich wie ein Aal in meinen Händen und wurde ziemlich wütend, so dass ich es auf ein andermal verschieben musste. Dann klappte es recht gut. Sie war zwar nicht begeistert von dem Lederriemen, aber sie wehrte sich nicht.

Spazierengehen konnte man das, was Kira da veranstaltete allerdings nicht nennen. Sie schnupperte zwar neugierig, presste aber die ganze Zeit den Bauch flach auf den Boden und es ging nur in Zeitlupe vorwärts. Vorwärts hieß in diesem Fall zwei Schritte vor und drei Schritte zurück. Jedes kleine Geräusch machte ihr Angst und sie versuchte dann zu flüchten. Das änderte sich auch später nie und so gab ich es irgendwann auf. Spaziergänge bedeuteten für Kira nur Stress. Die Sache war allerdings ganz anders, wenn sie ohne Leine auf dem (von Mauern umgebenen) Hof laufen durfte. Das war ganz nach Kiras

Geschmack. Da konnte sie in sämtlichen Ecken schnüffeln und die Nase in alle möglichen Ritzen stecken.

Mit Chester klappte das Spazierengehen besser. Er hatte keine Angst und lief an der Leine, als wäre es das Normalste der Welt. Bei seinem Tempo konnte ich bequem nebenher gehen. Chester entwickelte bald die Angewohnheit, mich während der Spaziergänge als Aussichtsplattform zu benutzen. Alle paar Minuten wollte er auf meinen Arm, bloß um kurz einen Blick in die Runde zu werfen und dann den Spaziergang fortzusetzen.

Wir hatten Ende Juni, und inzwischen waren die Tiere und ich ein richtig gutes Team geworden. Sie hatten keine Angst mehr und forderten mich oft zum Spielen auf. Es machte viel Freude, sich mit den beiden zu beschäftigen und ihnen bei ihren Späßen zuzuschauen. Sehr beliebt war natürlich das Spiel mit den Röhren. Minutenlang flitzten sie abwechselnd durch die Gänge, während der andere mit aufgerissenem Mäulchen wartete und tanzte. Aber auch Ringkämpfe wurden ausgetragen. Da wurde der Gegner von hinten angesprungen, auf den Rücken geworfen und in den Bauch oder die Seite gekniffen. Nebenbei wurde natürlich kräftig gemuckert und gequietscht. In Puncto Kraft hatte Chester natürlich die Oberhand, aber wenn es um Wendigkeit ging, lag Kira klar vorn.

Während Kira von Spielzeug nicht so angetan war, liebte Chester es, mit einem Stoffball oder kleinen Plüschtieren zu balgen. Von Rascheltüten sind beide begeistert.

Chester war beim Toben immer noch sehr grob und hatte seine eigenen Vorstellungen von einem tollen Spiel, was meine Mitbewohnerin auf schmerzvolle Weise erfahren durfte. Chester saß in seinem Lieblingsversteck unter der Couch. Meine Freundin saß auf dem Sofa, beugte sich vornüber und ärgerte Chester. Ich war kurz aus dem Zimmer gegangen. In der nächsten Sekunde hörte ich sie aufschreien.

Als ich zurückstürmte, bot sich mir ein amüsanter Anblick. Meine Mitbewohnerin lag vor der Couch in einer seltsamen Haltung auf dem Boden. Chester hatte sich in ihre Hand verbissen und versuchte nun, sie unter die Couch zu ziehen. Nachdem ich meinen Lachanfall mühsam unter Kontrolle gebracht hatte, eilte ich meiner Freundin zu Hilfe. Das war jedoch gar nicht so einfach. Greifen konnte ich Chester nicht, und weder Drohungen noch gutes Zureden brachten ihn dazu, von seinem "Opfer" abzulassen. Zum Glück wurde ihm das Spiel bald langweilig und er gab sie frei.

Inzwischen ist es September geworden. Kira ist seit längerem in der Ranz. Es verläuft alles normal – die Vulva schwillt an, und nach circa drei bis vier Wochen geht die Schwellung zurück. Dann folgt eine etwa genauso lange Pause und es geht wieder von vorne los. Allerdings müssen Chester und ich ganz schön leiden. Obwohl Chester mehr als doppelt so schwer ist wie Kira, schleift sie ihn kreuz und quer am Schlafittchen durchs Zimmer und versucht ihn ins Schlafhäuschen zu zerren. Gegenwehr zwecklos. Mich sieht Kira scheinbar als Konkurrentin an, denn sie wird ziemlich zickig, wenn ich Chester zu nahe komme. Außerdem hat sie sehr stark abgenommen und den typischen Ranzgeruch angenommen. Sie sieht aus wie ein gerupftes dürres Etwas und ist extrem ruhelos. Also habe ich einen Termin für Kiras Kastration gemacht.

Gleich früh morgens hatten wir einen Termin. Ich war noch nervöser als Kira und hatte überhaupt kein gutes Gefühl bei der Sache (wie jedesmal, wenn eines meiner Tiere operiert wurde). Nach der Narkosespritze schlief sie innerhalb von wenigen Minuten ein und die Tierarzthelferin trug meine Prinzessin in den OP. Der Arzt schlug mir vor, nach Hause zu gehen und in einer Dreiviertelstunde wiederzukommen. Doch ich wollte lieber vor Ort bleiben. Zum Zeitvertreib hatte ich mir ein Buch mitgebracht. Doch ich war viel zu nervös zum Lesen und starrte nur auf die Seiten. Nach einer Stunde war die OP beendet und Kira war schon wieder ziemlich munter. Der Tierarzt erklärte mir, dass er ihr während des Eingriffs noch mal eine Narkose geben musste, weil Kira plötzlich munter wurde.

Wieder zu Hause sah ich mir erst mal die riesige Narbe an, die über den ganzen Bauch bis zu den Rippen reichte. Als Schutz hatte der Doc eine Tamponade gemacht, dadurch sah alles noch schlimmer aus. Ich wickelte Kira in ein Handtuch und legte sie im Nebenzimmer vor die Heizung. Als ich kurze Zeit später nach ihr sah, war sie bereits auf Wanderschaft gegangen. Ich setzte sie in den Käfig. Sie war noch ziemlich wacklig auf den Beinen und torkelte als Erstes zum Katzenklo.

Kira ist das stubenreinste Frettchen, das mir bis jetzt begegnet ist. Sie macht wirklich nur in Ausnahmefällen mal nicht ins Klo, zum Beispiel wenn die Autofahrt doch etwas lang ist und sie einfach nicht mehr kann. Na ja, und wenn mal fremde Tiere in der Wohnung waren, dann setzt sie schon mal absichtlich Häufchen daneben, um mir ihren Unmut mitzuteilen.

Aus Sorge, dass sich die große Bauchwunde entzünden könnte, ließ ich Kira und Chester in den nächsten Tagen nur unter Aufsicht zusammen. Denn Chester nahm überhaupt keine Rücksicht auf den Zustand seiner Schwester und tobte so wild wie immer. Dabei biss er ihr auch ganz gerne mal in den Bauch.

Nach einer Woche mussten wir zum Fädenziehen. Das gestaltete sich äußerst schwierig. Kira wollte nicht, dass jemand an ihrem Bauch werkelte und war kaum zu beruhigen. Sie kratzte und fauchte wie wild. Während die Schwester und ich sie festhielten machte sich der Doktor an die Arbeit. Ein Faden war sehr fest und es tat Kira weh, als der Arzt ihn entfernte. In ihrer Verzweiflung biss sie in das Nächstbeste, was ihr in die Quere kam. Das war mein Finger. Es blutete ziemlich stark, aber aus lauter Sorge um mein Tier habe ich die Schmerzen erst später bemerkt. Seitdem hat Kira Panik beim Tierarzt und bekommt jedes Mal fast eine Herzattacke, wenn sie auf den Behandlungstisch muss.

Mit jeder Woche, die ich meine neuen Mitbewohner hatte, wurde die Wohnung frettchensicherer. Soll heißen, ich hatte bald gelernt, dass man besser keine Sachen rumliegen lässt, ab welcher Höhe Dinge aller Art vor neugierigen Nasen sicher waren, dass Blumen nur eine Überlebenschance hatten, wenn sie niemals mit Frettchen zusammentrafen, und so weiter.

Alle Ecken und Ritzen, die für Frettchen gefährlich sein konnten, wurden mit den wildesten Konstruktionen abgesichert.

Doch wehe, ich war nicht gewissenhaft genug. Jede Schwachstelle wurde gnadenlos ausgenutzt. Dabei erstaunte es mich immer wieder, welche Kräfte die kleinen Räuber entwickelten und wie geschickt sie die Gesetze der Physik, speziell die Hebelkraft, nutzten. Chester schaffte es doch tatsächlich, einen Kleinbildfernseher durch die Gegend zu schieben. Im Vergleich dazu war es natürlich ein Leichtes für ihn, das Katzenklo oder das Schlafhäuschen zu verschieben. An meinen Tagesablauf hatten sich die Frettchen inzwischen auch gewöhnt und sich darauf eingestellt. Wenn morgens mein Wecker klingelte, wurden auch die beiden munter, oder sie warteten bereits an der Käfigtür darauf, dass ich sie rausließ. Bevor ich zur Arbeit ging, konnten sie eine Stunde im Zimmer laufen. In der Zwischenzeit gab ich frisches Futter und Wasser und machte die Klos sauber. Dann wurde noch kurz getobt und ich musste los. Sobald ich nach der Arbeit nach Hause kam, hatten sie wieder Freilauf, bis ich zu Bett ging. Meist warteten sie dann schon ungeduldig, und sobald die Käfigtür offen war, flitzten sie los, um irgendwelche Dummheiten anzustellen und zu raufen.

Abschied von Chester

Es war schon lange Winter geworden. Chester machte mir schon seit geraumer Zeit Sorgen. Er schlief fast nur noch und verkroch sich. Von Zeit zu Zeit war sein Bauch hart, auch kratzte er sich auffallend oft. Der Tierarzt verordnete Antibiotika. Damit ging es Chester auch besser, doch es hielt nicht lange an. Mein Tierarzt war ratlos, meinte, ich solle abwarten, wie es sich entwickelt. Da es nicht besser wurde ging ich wieder zum Arzt. Nun hieß es plötzlich, Chester hätte starken Milbenbefall. Er und auch Kira bekamen Spritzen dagegen. Er war dann auch wie ausgewechselt und war munter und tobte wie eh und je. Doch wieder hatte ich mich zu früh gefreut. Mir fiel auf, dass Chester Probleme beim Kotabsatz hatte. Ich gab ihm etwas Pflanzenöl, in der Hoffnung, es würde helfen. Doch es brachte nicht den gewünschten Erfolg.

Da mein Tierarzt anscheinend überfordert war, ging ich diesmal zu einem anderen. Der diagnostizierte Verstopfung und verordnete eine Paste als "Abführmittel". Chester nahm die Paste zwar bereitwillig, doch sie half ihm nicht. Da es ihm immer schlechter ging kaufte ich in meiner Verzweiflung Rizinusöl. Er nahm es etwas zögerlich, konnte dadurch aber immer noch keinen Kot absetzen, es kam nur gelber Schleim. Also wieder zu meinem Tierarzt.

Fieber hatte Chester nicht und nach dem Abtasten meinte der Doc, die Verstopfung wäre überstanden. Vorsorglich bekam Chester noch Vitamine und etwas zur Stärkung des Immunsystems gespritzt. Sollte sich sein Zustand in den nächsten Tagen nicht deutlich bessern, müsste eine Blutuntersuchung gemacht werden.

14. Februar 2001 – Valentinstag. Es war tolles Wetter und ich kam gutgelaunt vom Einkaufen nach Hause. Als ich in den Käfig sah, zuckte ich zusammen. Mit Chester stimmte etwas

nicht. Er lag auf dem Rücken, den Kopf seitlich im Wassernapf. Als ich ihn hochnahm, war er bereits kalt und steif. Weinend hielt ich ihn eine Zeit lang im Arm. Heute morgen ging es ihm noch recht gut. Ich verstand die Welt nicht mehr.

Chester
1998 – 14.02. 2001

Ich weiß bis heute nicht, woran Chester gestorben ist. Vielleicht kamen mehrere Dinge zusammen, da es ihm ja öfter kurzfristig besser ging.

Chester musste sterben und sehr leiden, weil ich nicht rechtzeitig zum Arzt mit ihm gegangen bin, beziehungsweise nicht schnell genug wieder, als es ihm nicht besser ging. Das nagt bis heute an mir und ich gäbe viel dafür, wenn ich es ändern könnte.

Seitdem gehe ich viel schneller zum Arzt, frage viel nach und lasse mir alles erklären. Wenn ich mit der Auskunft meines Tierarztes nicht zufrieden bin, Bedenken habe oder in schwierigen Fällen, dann hole ich mir eine zweite Meinung, manchmal auch eine dritte oder vierte.

Einige Leute meinen, ich übertreibe. Andere geben Kommentare ab, die mir sehr weh tun. Aber *ich* muss entscheiden, ob es besser ist, wenn sich ein Tierarzt die Sache mal ansieht. Ich verlasse mich da sehr auf mein Gefühl. Denn niemals wieder soll sich die Geschichte von Chester wiederholen.

Frettchen können Krankheitssymptome sehr lange verstecken. Wenn sie zeigen, dass sie krank sind, ist höchste Eile geboten. Also geht bitte umgehend zum Tierarzt, wenn ihr glaubt, dass mit euren Monstern etwas nicht stimmt.

Nach Chesters Tod hat sich Kira sehr verändert. Die ersten Tage waren für sie schlimm, sie trauerte sehr. Ich versuchte sie so gut es ging abzulenken, beschäftigte mich noch mehr mit ihr. Doch sie ignorierte mich anfangs, fraß schlecht und lief den ganzen Tag suchend durch die Wohnung. Wenn eine Tür verschlossen war, kratzte sie so lange wütend daran, bis ich sie öffnete. Und sie hörte auf, zu muckern. Das war furchtbar für mich. Ich liebte die Frettchensprache über alles, aber Kira hatte aufgehört zu sprechen.

Irgendwann hatte sich Kira damit abgefunden, dass Chester nicht mehr da war. Sie wurde nun sehr anhänglich und folgte mir auf Schritt und Tritt. Egal wo ich hinging, Kira tippelte mir hinterher wie ein Hündchen. Sobald ich mich umsah, blieb sie stehen, warf den Kopf in den Nacken und sah mich mit ihren glänzenden Augen neugierig und fragend an.

Sie durfte jetzt auch bei fast allen Dingen dabei sein. Sie fand es ganz toll, wenn ich den Staubsauger rausholte. Dann stürzte sie sich auf das "Ungetüm" und kämpfte mit ihm. Die Düse fand sie ungemein interessant. Ich machte mir öfter einen Spaß daraus und stellte die Düse auf die kleinste Stufe, so dass nur ein leichter Luftsog erzeugt wurde, und hielt sie Kira hin. Sie schnupperte neugierig und steckte den Kopf so weit es ging in die Düse (es konnte ihr wirklich nichts passieren, denn ihr Kopf war größer als die Öffnung). Dann fing sie wie wild an zu tanzen und hielt ihre Nase wieder in den Luftsog.

Da Kira ein sehr braves Frettchen war, durfte sie bei meinen Eltern nun auch die gesamte Wohnung untersuchen. Das war natürlich ein ganz spannender Zeitvertreib. Sie inspizierte die Küche, wühlte im Altpapier, buddelte Kartoffelschalen aus der Abfallschüssel aus. Im Bad kroch sie hinter Waschmaschine und Trockner, und als sie wieder hervorkam, war sie über und über mit Staubflusen bedeckt. Meine Mutter war begeistert, dort kam sie mit dem Besen nämlich nicht hin und Kira machte dort endlich mal ordentlich sauber!

In der Wohnstube ging die Entdeckungstour weiter – unter die Couch, hinter die Couch, zwischendurch einen Schluck aus der großen Blumenvase. Dann hatte Kira den Nähkorb meiner Mutter entdeckt. Und bevor ich eingreifen konnte, war sie mit einem riesigen Knäuel hellblauer Wolle hinter der Couch verschwunden. Das durfte sie zwar nicht behalten, aber meine Mutter entschädigte sie mit einer etwas kleineren Variante in Schwarz.

Seit ich Kira regelmäßig mit zu meinen Eltern nahm, fiel mir auf, dass sie Autofahren nicht besonders mag. Kaum war sie in der Transportbox und wir verließen die Wohnung, fing sie an zu schmatzen und sich mit den Pfötchen im Maul zu kratzen. Meist hatte sie dann innerhalb kurzer Zeit Schaum vorm Maul. Im Auto beruhigte sie sich etwas, meinte aber etwa alle Viertelstunde die Gittertür mit den Zähnen bearbeiten zu müssen. Anfangs hatte ich keine Erklärung dafür, aber irgendwann wurde mir gesagt, dass das Anzeichen für Übelkeit sind. Seltsamerweise gebärdete sich Kira nur so, wenn wir von zu Hause losfuhren. Wenn ich von meinen Eltern zurückfuhr, stellte sie sich nie so an.

Zu Hause durfte Kira beim Dekorieren für das Osterfest zuschauen. Natürlich blieb es nicht beim Zuschauen. Sie wühlte sich mit wahrer Wonne durch das Ostergras, verschleppte die Plastikeier und entdeckte dann etwas ganz Tolles. Ein Keramikschaf, das statt Fell Stroh am Körper hatte. Da konnte man sich prima dran schuppern und mit dem Ding balgen. Das Schaf hat Ostern leider nicht überlebt. Kira hatte es dermaßen zerfleddert, dass ich es nur noch entsorgen konnte.

Wenn es um etwas Essbares geht, sind Frettchen natürlich sofort zur Stelle. So auch Kira, als ich mir mal wieder ein Mixgetränk machte. Sie war sehr an der Limette interessiert. Ich zögerte etwas. Zitrusfrüchte sind nichts für Frettchen. Doch dann dachte ich, einmal kann nicht schaden, und hielt ihr ein Stückchen hin. Kira leckte daran, verzog das Gesicht und schüttelte sich. Ich musste schmunzeln. Doch noch gab sie nicht auf. Sie leckte wieder daran, schüttelte sich und hopste rückwärts. Mein Schmunzeln weitete sich zu einem Grinsen aus. Kira wiederholte die Prozedur noch viermal, dann hatte sie die Limette endlich als ungenießbar eingestuft.

Aus dem Fenster zu schauen ist eine von Kiras neuen Lieblingsbeschäftigungen. Eine Zeit lang saß sie fast täglich vorm Fenster auf dem Fußboden und warf den Kopf in den Nacken. Das war ihre Art zu betteln, und das konnte sie richtig gut. Es dauerte nie lange, bis sie mich weich geklopft hatte. Ich stellte mich dann auch vors Fenster und machte mir manchmal einen Spaß daraus, ihre Geduld auf die Probe zu stellen. Wenn es Kira zu lange dauerte, stellte sie sich mit ihren Vorderpfötchen auf meinen Fuß. Das war das Zeichen, dass sie es doch ziemlich unhöflich fand, ihre Bitte so zu ignorieren. Ich beugte mich dann zu ihr hinunter und sie umklammerte mein Handgelenk mit den Vorderpfoten. Mit der Hand konnte ich ihr unter den Bauch greifen und sie so hochheben und aufs Fensterbrett setzen. Und dann konnte sie endlich sehen, was draußen so vor sich ging. Als Erstes wurde die Nase in den Wind gehalten und die neuesten Gerüche wurden aufgenommen. Wenn alles in Ordnung war, konnte man sich dem Geschehen auf der Straße widmen. Besonders Radfahrer wurden genau beobachtet.

Neuer Spielkamerad gesucht

Ende März hatten Kira und ich die schlimmste Trauer über den Verlust von Chester überwunden. Da Kira nicht alleine bleiben sollte, machte ich mich auf die Suche nach einem neuen Spielkameraden für sie. Ein Besuch im neu eröffneten Tierheim fiel negativ aus. Kleintiere konnten dort noch nicht aufgenommen und vermittelt werden, weil die entsprechenden Käfige erst im Sommer fertiggestellt sein würden. Auch die Tierheime der näheren Umgebung hatten keine Frettchen abzugeben. Also wandte ich mich an den Frettchen-Club Berlin. Zu meiner großen Freude suchte gerade eine dreijährige Fähe ein neues Zuhause. Sie wurde bisher einzeln gehalten und sollte wegen Zeitmangel abgegeben werden. Die Besitzer wollten aber gerne wissen, zu wem das Tier kommt.

Ende April fuhren wir dann nach Berlin zu den Leuten, die die Fähe abgeben wollten. Dort erfuhr ich dann auch Genaueres über Josie. Obwohl auch sie ein Iltisfrettchen war, sah sie völlig anders aus als Kira. Sie hatte eine rosa Nase mit kleinen hellbraunen Flecken. Auch ihr Fell war hellbraun mit einem Stich ins Rötliche. Die kleine hübsche Iltisfähe gehörte eigentlich der Tochter, doch diese war vor kurzem ausgezogen, und nun mussten sich die Eltern um das Tier kümmern, was sie aber nicht einsahen. So wurde die Tochter vor die Wahl gestellt: Entweder sie nimmt das Tier zu sich oder für Josie wird ein neues Zuhause gesucht. Nun ja, die junge Frau hatte sich also entschieden ...

Ich bemerkte sofort, dass Josie sehr an der jungen Frau hing und sich über die kleinste Aufmerksamkeit riesig freute. Dann entdeckte sie Kira, die noch in der Transportbox war und umkreiste wild muckernd den Kennel. Ich nahm Kira, die von der langen Autofahrt doch ziemlich erschöpft war, auf den Schoß, und Josie untersuchte unterdessen den Kennel. Da wurde Kira neugierig und lief hinterher. Kaum waren beide im Kennel, flogen die Fetzen. Dann war nur noch lautes Gekreische zu hören und Haare flogen durch die Luft (beide Tiere waren gerade im Fellwechsel).

Ohne lange zu zögern, ging ich dazwischen, griff in den Kennel und holte die beiden Furien heraus. Josie hatte sich in Kiras Hinterkopf verbissen und ich hatte einige Mühe, meine Kleine zu befreien. Kira stand völlig unter Schock. Ich setzte sie auf meinen Schoß und sie rührte sich kein Stück von der Stelle. Josie hingegen war ordentlich aufgekratzt und suchte schon den nächsten Gegner. Nach einer kurzen Verschnaufpause versuchten wir es noch einmal, doch es ging wieder voll in die Hose. Nach kurzer Rücksprache mit dem Frettchen-Club ließen wir es bleiben.

Wieder zu Hause war Kira total erledigt, musste aber erst mal eine Runde durch die Wohnung drehen, um zu sehen, ob hier nicht vielleicht irgendwo ein fremdes Frettchen war. Ich nahm sie auf den Arm und setzte mich auf die Couch. Normalerweise hält es Kira nicht lange aus, dann will sie wieder runter. Sie ist eben kein Kuschelfrettchen. Doch diesmal blieb sie auf meinem Arm und schlief ein. Im Schlaf begann sie mit den Pfötchen zu zucken. Sie fauchte und ihr Schwänzchen sträubte sich. Ich fragte mich, ob sie von ihrem Erlebnis mit Josie träumte.

Anfang Mai ergab sich eine neue Gelegenheit. Ich hatte mal wieder ewig herumtelefoniert und durch Zufall jemanden gefunden, der ein Frettchen abzugeben hatte: einen etwa einjährigen unkastrierten Rüden. Auch er wurde von Anfang an allein gehalten. Die Besitzerin wollte heute mit Sonic vorbeikommen. Er war ein stattlicher Iltisrüde. Seine Färbung ging mehr ins Silberfarbene und er hatte eine rosa Nase. Als wir die beiden im Zimmer laufen ließen, war Sonic eifrig dabei, die neue Umgebung zu erkunden. Er und Kira ignorierten sich allerdings. Als die zwei unter der Couch zusammentrafen, gab's leider gleich wieder Ärger. Die Prügelei war zwar nicht so schlimm wie die mit Josie, aber Kira hatte die Nase voll. Sie wollte von Sonic nichts mehr wissen und er biss ihr bei nächster Gelegenheit ins

Hinterteil. Soweit es möglich war, gingen sich die beiden aus dem Weg. Da ich Kira so eine Auseinandersetzung wie mit Josie nicht noch einmal zumuten wollte, blies ich die Sache ab.

Nachdem Sonic weg war, begann Kira damit, in der Wohnung Kot abzusetzen. Sicherlich wollte sie ihr Revier neu abstecken. Und sie macht so was auch, wenn sie sehr böse auf mich ist. Wie konnte ich es denn auch wagen, diesen Eindringling rein zu lassen!

Heute weiß ich, dass es fast nie ohne Reibereien möglich ist, ein neues Frettchen in eine Gruppe zu integrieren. Doch damals war ich noch unerfahren und dachte, entweder es klappt sofort oder gar nicht.

Pepper zieht ein

Mitte Mai 2001 hatte sich der Frettchen-Club bei mir gemeldet und mir mitgeteilt, dass eine trächtige Fähe abgegeben worden sei. Da die Versuche mit ausgewachsenen Tieren nicht geklappt hatten, könnte es ja mit einem Jungtier funktionieren. Die Welpen würden etwa Ende Mai zu Welt kommen und könnten dann im Juli vermittelt werden. Anfang Juni bekam ich dann die lang ersehnte Nachricht. Am 20. Mai wurden fünf Welpen geboren, drei Fähen und zwei Rüden. Ich entschied mich für einen Rüden.

Nun ging die Suche nach einem Namen los. Da die Fähe Püppi hieß, sollten auch die Namen der Welpen mit einem P beginnen. Ich zermarterte mir mehrere Tage lang den Kopf, schließlich sollte der kleine Mann einen schönen Namen bekommen. P ist jedoch ein recht schwieriger Buchstabe. Letztlich entschied ich mich für den Namen Pepper, das war für ein Iltisfrettchen auch recht passend. Da ich auch eine Geburtsurkunde ausgehändigt bekommen sollte, gab ich den Namen schon vorab per Telefon durch. So erfuhr ich, dass auch eine der Fähen Pepper heißen sollte. Also wurde mein kleiner Fratz kurzerhand zu Sergeant Pepper.

Ich konnte es kaum erwarten, bis ich Pepper endlich holen durfte. Die Wochen bis dahin krochen zäh dahin. Ich wurde immer nervöser und aufgeregter und versuchte, mir Aussehen und Charakter des Kleinen auszumalen.

Am 15. Juli konnte ich ihn abholen. Also auf nach Berlin! Pünktlich um 12.30 Uhr waren wir dort. Nur noch mein Pepper und eine seiner Schwestern waren da, die anderen Welpen waren bereits abgeholt worden. Außerdem waren noch zwei Welpen aus schlechter Haltung zum Aufpäppeln da. Bevor ich wusste, wie mir geschah, wurden mir die vier Winzlinge in den Arm gelegt. Sie waren noch recht verschlafen und daher auch sehr ruhig. Doch dann gab es Futter und sie wurden von einer Sekunde auf die andere hellwach. Ich ließ sie runter und sofort entbrannte eine wilde Schlacht um die besten Stücke. Es wurde gekreischt und gefaucht und dem Nachbarn etwas stibitzt. Kaum zu glauben, dass so kleine Babys schon so einen Lärm machen können und sich kurzzeitig in kleine Teufel verwandeln. Als alle satt waren, waren sie auch wieder friedlich. Also wuselten vier Minifrettchen durch die Wohnung. Nun konnte ich sie mir auch genauer anschauen. Allesamt waren Iltisfrettchen. Eins niedlicher als das andere mit ihren großen Kulleraugen und den kurzen Beinchen, die noch nicht so ganz gehorchen wollten. Jetzt waren sie in Spiellaune und flitzten durch die Röhren und spielten Fangen.

Mein Pepper war der Größte und auch der Frechste. Er war einfach ein bezaubernder kleiner Kerl. Er war heller als Kira. Seine Färbung war mehr grau. Seine Maske war nicht so ausgeprägt und die kleine Nase war rosa und dunkel umrandet. Ich war sofort in den Winzling verliebt. Er fand großen Gefallen an meinen Turnschuhen und bearbeitete hingebungsvoll die Schnürsenkel.

Es war an der Zeit, Kira dazuzusetzen. Damit sie sich nicht sofort wieder in den Kennel verdrücken konnte, wurde der weggestellt. Als ich Kira runter auf den Boden setzte, war ihr das nicht ganz geheuer, und sie schlich in Zeitlupe durchs Zimmer. Sobald sie auf einen der Welpen stieß, fing sie an zu schreien. Ich machte mir Sorgen, ob sie einem allzu aufdringlichen Welpen vielleicht etwas tun würde, doch Kira suchte ihr Heil lieber in der Flucht. Vielleicht braucht sie ja nur etwas Zeit um aufzutauen? In den nächsten anderthalb Stunden änderte sich aber an ihrem Verhalten nichts. Die Lütten hingegen spielten begeistert mit jedem, der es ihnen anbot.

Da Kira nicht aggressiv auf Pepper reagierte, nahm ich den Knirps mit nach Hause. Auf der etwa vierstündigen Heimfahrt wurden beide in getrennten Boxen untergebracht. Wenn ich während der Pausen nach Pepper sah, schlief er tief und fest. Das blieb auch später so. Auto fahren machte Pepper gar nichts aus. Sobald der Motor gestartet wurde, schlief er ein.

Zu Hause angekommen gab es erst mal Futter. Pepper hatte ordentlich Kohldampf; ich konnte meine Finger gerade noch rechtzeitig in Sicherheit bringen. Kira war nicht dazu zu bringen, mit Pepper aus einem Napf zu fressen, sie schaute sich den Neuankömmling lieber aus sicherer Entfernung an. Als es Schlafenszeit war, verkrümelte sich Kira ziemlich schnell und ich machte Pepper ein eigenes Bettchen zurecht.

Er war ziemlich müde, aber auch durch die vielen neuen Eindrücke aufgekratzt und verängstigt. Er rief nach seiner Mama. Als ich ihn trösten wollte, war er aber ziemlich mürrisch. Durch die Rufe wurde Kira neugierig. Da kam wohl der Mutterinstinkt bei ihr durch. Also setzte ich Pepper zu ihr. Der Kleine war so erledigt, dass er sich einfach neben sie legte und schlafen wollte. Aber Kira war das unheimlich und sie ergriff die Flucht. So musste der arme Kerl doch alleine schlafen.

Die nächsten Tage und Wochen waren recht schwierig und ich brauchte gute Nerven, denn so recht klappte es mit den beiden nicht. Kira war oft überfordert mit Pepper und ergriff meist die Flucht oder fing wie wild zu kreischen an. Dieser kleine wuselige Welpe war ihr einfach zu wild.

Doch jedes Mal, wenn Pepper schlief, wagte Kira einen Annäherungsversuch. Sie blieb dann immer neugierig vor dem Käfig stehen und schnüffelte. Wenn er sich bewegte, war sie sofort weg. Wenn Pepper aber tief schlief, ging Kira zu ihm. Anfangs nur kurz, dann immer länger. Manchmal putzte sie ihn auch und legte sich zu ihm. Aber nur, bis er aufwachte.

Pepper erkundete in den nächsten Tagen ausgiebig sein neues Reich. Überall musste er sich durchzwängen, alles ins Mäulchen nehmen und auf Genießbarkeit testen. Großes Interesse erregte auch die Drainageröhre, die zwei Etagen des Käfigs miteinander verbindet. Mutig kletterte er hinein. Etwa auf halber Höhe muss er sich in der Röhre drehen, doch das bekam er anfangs noch nicht hin und rutschte in der ersten Zeit öfters völlig verdutzt rückwärts wieder aus der Röhre heraus. Dass ich dann jedes Mal anfing zu lachen, fand er gar nicht witzig.

Da Kira anfangs noch nichts von Pepper wissen wollte, war ich sein Spielkamerad. Und der Kleine hielt mich ganz schön auf Trab. Fangen war sein absolutes Lieblingsspiel, und ich durfte dann mehrmals täglich durch die ganze Wohnung hinter einem wild hopsenden Fellknäuel hinterherrennen. Wenn Frauchen dann japsend auf dem Sofa lag, um kurz zu verschnaufen, stellte Pepper bereits irgendwelchen neuen Unsinn an. Da wurden Socken angeknabbert, der Wassernapf ausgebuddelt und der Teppich an den Rändern aufgeräufelt. Schuhe konnten auf wundersame Weise alleine laufen und so weiter und so fort.

Beim Freilauf im Zimmer trafen Kira und Pepper zwangsläufig aufeinander. Pepper forderte Kira sofort zum Spielen auf. Zögerlich ging sie darauf ein und flitzte durch die Röhre. Pepper rannte außen herum. Das ging einige Male so, dann wollte Pepper richtig toben und stürzte sich auf Kira. Das war dann aber doch zu viel für sie und sie schrie wieder.

Es ist unglaublich, was Pepper so alles in sich rein futtert. Zu meinem Erstaunen hat Kira auch angefangen, Dosenfutter und Frischfleisch zu fressen. Früher hat sie es nicht einmal angeschaut.

Ende Juli kam Pepper in den Zahnwechsel. Er biss ständig auf irgendwas herum, und wenn man ihm ins Mäulchen schaute, sah man schon die neuen Fangzähne. Die Milchzähne waren aber auch noch da, und so sah er ziemlich witzig aus.

Während des Zahnwechsels hatte Pepper, wenn er schlief, sehr oft eigenartige Anfälle. Plötzlich fing eine Pfote an zu zucken. Dieses Zucken ging dann auf den ganzen kleinen Körper über. Sobald ich ihn aber streichelte oder auf die andere Seite drehte, hörte es auf.

Während der Welpenzeit pullerte Pepper auch sehr oft ein. Erst wusste ich nicht recht, wieso die Kuscheltücher des Öfteren feucht waren. Meine Mutter brachte mich auf die Idee, dass Pepper einpullert. Und so war es dann auch. Anscheinend schlief er so fest, dass er nicht merkte, wann er aufs Klo musste. Mit zunehmendem Alter gab sich das aber gottlob.

Anfang August war Pepper schon größer als Kira, und die beiden waren schon etwas eingespielter. Beim Toben traut sich Kira jetzt schon mehr zu und kabbelt sich fleißig mit Pepper. Bei einem Ausflug in den Garten meiner Eltern hat Pepper das nasse Element für sich entdeckt. An einigen Stellen ist das Wasser des Teiches nur ein paar Zentimeter tief, und dort habe ich ihn hingesetzt. Zuerst wusste er damit nicht richtig was anzufangen. Erst als ich ihn leicht schubste, fand er es toll und planschte fröhlich im Wasser. Er steckte den Kopf bis zu den Ohren ins Wasser und watete so umher. Ab und zu atmete er unter Wasser aus und machte Blubberbläschen.

Pepper entwickelte sich zu einem absoluten Schatz. Er kann einen zwar mit seinen Streichen in den Wahnsinn treiben, aber er hat so einen unschuldigen Blick drauf, dass man ihm einfach nicht lange böse sein kann. Obwohl auch Kira nun gut mit ihm klarkommt, ist er sehr auf mich fixiert und hat sich zu einem wahren Schmusefrettchen entwickelt. Mehrmals täglich fordert er seine Streicheleinheiten ein und genießt die Zuwendung sichtlich. Oft schläft er dann auf meinem Schoß ein.

Pepper ist außerdem ein totaler Morgenmuffel geworden. Früh aufstehen liegt ihm nicht. Kira hingegen ist wach, sobald ich aufstehe. Meist ist sie auch schon auf den Beinen, bevor mein Wecker klingelt.

Da Kira ja nicht so viel von Spaziergängen hält, habe ich es mit Pepper versucht. Anfangs legte ich ihm das Geschirr einfach nur so an, damit er sich daran gewöhnen konnte. Er war erst gar nicht begeistert und vollführte die seltsamsten Sprünge und Drehungen. Er rutschte auf dem Bauch den Boden entlang, um das lästige Ding abzustreifen, oder lief rückwärts. Dann wieder fegte er wie ein geölter Blitz durch die Wohnung, in der Hoffnung, er könne dem Brustgeschirr so entkommen. Doch irgendwann hatte er sich daran gewöhnt.

Draußen fand er es sofort interessant, und schon bald ging ich regelmäßig mit ihm spazieren. Er ging so gut an der Leine wie ein Hund und legte manchmal so ein Tempo vor, dass ich kaum hinterherkam. Wir hatten eine feste Route, und wenn ich mal wetterbedingt eine kürzere Runde drehen wollte, merkte Pepper das sofort. Er hatte einen unglaublich guten Orientierungssinn und ließ sich nicht ins Boxhorn jagen. Er wollte nie freiwillig wieder rein, doch wenn ich ihm dann zu Hause das Geschirr abnahm, fiel er sofort müde in die Kuscheltücher.

Mitte September 2001 bin ich zum "Tag der offenen Tür" vom Tierheim Dorf Mecklenburg gefahren, weil dort ein neu gebildeter Verein, die Frettchenhilfe Mecklenburg, einen Infostand hatte. Weil der Frettchen-Club Berlin auch dort sein würde, habe ich Pepper mitgenommen, damit sie sehen konnten, was aus ihm geworden ist. Da Kira nicht gerne Auto fährt, blieb sie zu Hause. Die über zweistündige Fahrt verbrachte Pepper mit Schlafen. Gegen Mittag kamen wir an.

In einem großen Gehege liefen etwa sechs Frettchen herum. Pepper war mächtig aufgeregt und wollte natürlich mitmischen. Das durfte er dann auch. Er fühlte sich sofort in der Gruppe wohl und tobte mit allen durch die Gegend. Er spielte Fangen, flitzte über Kennel und Schlafhäuschen, krabbelte durch unendlich lange Röhren und hüpfte einfach glücklich durch den Auslauf. Aber er machte auch gleich einen auf Boss und legte sich damit mit einem älteren Rüden namens Pünktchen an. Ein paar Mal kabbelten sich die beiden, dann war der Fall erledigt und es wurde eine Art Waffenstillstand geschlossen. Nach über zwei Stunden waren die meisten Frettchen schon schlafen gegangen, aber Pepper wuselte immer noch herum. Es gefiel ihm ganz toll mit so vielen Spielkameraden. Als ich ihn aber auf den Arm nahm, schlief er schon fast und wir verabschiedeten uns.

Inzwischen war es Winter geworden und ich verbrachte die Feiertage bei meinen Eltern. Natürlich waren auch Kira und Pepper dabei. Kira hat den kleinen Kerl endlich richtig in ihr Herz geschlossen und auch mir verziehen, dass ich diese Nervensäge mit nach Hause gebracht habe.

In der Nacht zu Heiligabend hatte es mächtig geschneit und durch den starken Wind waren große und hohe Schneewehen entstanden, die uns über die Feiertage mehr oder weniger gut erhalten blieben. Pepper fand Schnee auf Anhieb toll und begann gleich damit, die weiße Pracht mit dem Kopf umzupflügen. Durch den tiefen Schnee konnten die beiden auch prima Gänge graben, was sie mit viel Begeisterung und Ausdauer auch taten.

Während ich frierend von einem Bein aufs andere trat, hatten die beiden den größten Spaß. Die meiste Zeit sah ich sie nicht. Nur ab und zu durchstieß ein Frettchenkopf die Schneedecke und zwei vor Freude und Begeisterung funkelnde Augen sahen mich an. Schon einen Moment später war vom Frettchen nichts mehr zu sehen. Ausbüchsen konnten die beiden nicht, weil der Hof meiner Eltern mit Mauern umgeben ist. Pepper hatte nicht so ein dickes Winterfell wie Kira und fror mächtig, war aber gar nicht begeistert, wenn ich ihn ab und zu kurz zum Aufwärmen mit reinnahm.

In den nächsten Tagen hatten die zwei mehrmals täglich die Möglichkeit, im Schnee zu toben. Mit Pepper veranstaltete ich manchmal auch eine Schneeballschlacht. Ich bewarf ihn dann mit lockerem Schnee und er fing vor Freude an wie ein Irrer zu hüpfen.

Silvester haben die beiden ganz gut überstanden. Gegen 18.00 Uhr fingen die Ersten mit dem Knallen an. Als ich ins Zimmer kam, waren Kira und Pepper völlig aus dem Häuschen und standen zitternd im Käfig. Als ich sie rausließ, flüchteten sie sofort hinter die Couch und ließen sich nur schwer wieder hervorlocken. Nachdem die erste Ballerei vorbei war, beruhigten sie sich aber schnell wieder. Das große Feuerwerk um Mitternacht haben die beiden dann verschlafen!

Herzensangelegenheiten

Ende Januar 2002 gab es einen schlimmen Unfall. Gegen 22.30 Uhr wollte ich schlafen gehen und holte das Bettzeug aus dem Bettkasten. Kira und Pepper waren natürlich sofort zur Stelle und schlüpften in den Bettkasten, um dort zu toben. Ich bin immer sehr vorsichtig, wenn sie dort spielen, und lasse sie nicht aus den Augen.

Ich drehte mich diesmal nur kurz um und ordnete das Bettzeug, da war es auch schon geschehen. Der Bettkasten fiel zu und klemmte Pepper am Hals ein. Vor Panik und Schmerz stieß er einen Schrei aus, der mir durch Mark und Bein ging, und entleerte seine Stinkdrüsen. Im nächsten Augenblick hatte ich ihn befreit und er flüchtete sofort in eine dunkle Ecke. Ich lief besorgt hinterher und versuchte den zitternden und stinkenden kleinen Kerl zu beruhigen. Rein äußerlich waren keine Verletzungen zu sehen und Pepper bekam auch Luft. Die nächsten Stunden beobachtete ich ihn mit Luchsaugen, um im Notfall sofort handeln zu können. Etwa eine Stunde lang war Pepper durch den Schock total aufgekratzt und sehr schreckhaft. Doch dann spielte er schon wieder und fraß auch etwas.

Um ganz sicher zu gehen, dass Pepper nichts passiert war, ging es gleich am nächsten Tag zum Tierarzt. Da mein Tierarzt Urlaub hatte, ging ich zu einem anderen in einer Gemeinschaftspraxis. Es war sehr voll, aber alle Ärzte machten einen sympathischen und kompetenten Eindruck. Bis heute sind alle meine Tiere dort in Behandlung.

Es gab eine gute und eine schlechte Nachricht für mich. Die gute war, dass Pepper durch den Unfall nur einen Bluterguss an der rechten Halsseite hatte. Als ich dann aber erzählte, dass er schnell kurzatmig wird, bestand Verdacht auf einen Herzfehler. Ein weiteres Zeichen dafür wäre Peppers hoher Herzschlag.

Ein paar Tage später hatte Pepper dann einen Termin beim Herzspezialisten. Schon beim Abhorchen war Pepper kaum ruhig zu halten, aber beim EKG schrie er um sein Leben. Er machte einen Mordsterror, dabei wurde ihm gar nicht wehgetan. Er wurde einfach nur festgehalten, damit er still lag und das EKG auswertbar war. Als die "grausame Folter" endlich vorbei war, sprang Pepper sofort in meine Arme und wollte getröstet werden.

Peppers Herzschlag war sehr leise und der Puls sehr hoch. Der Tierarzt wollte erst noch einige Frettchenspezialisten konsultieren, bevor er eine genaue Diagnose stellen würde. Aber wir kamen nicht drum herum, dass Pepper wahrscheinlich sein Leben lang Medikamente nehmen müsste. Die Spezialisten stellten meine Geduld auf eine harte Probe, denn es dauerte recht lange, bis sie von sich hören ließen. Doch ich war in der Zwischenzeit nicht untätig gewesen und hatte mich selbst bei frettchenerfahrenen Tierärzten schlau gemacht. Diese bestätigten (soweit das per Ferndiagnose möglich war) den Herzfehler und empfahlen, ein Röntgenbild zu machen. Nach dem Röntgen stand dann definitiv fest, dass ein angeborener Herzfehler vorlag. Pepper brauchte Medikamente zur Stärkung des Herzens und etwas zur Entwässerung, da er auch Wasser in der Lunge hatte.

Da ich nun auch Internet hatte und regelmäßig Frettchenforen besuchte, las ich immer wieder all die wunderbaren und lustigen Geschichten von Haltern, die mehr als zwei Frettchen hatten. Und so entwickelte sich bei mir mehr und mehr der Wunsch, meine Gruppe um ein oder zwei Tiere zu vergrößern. Sollte es mit der Eingewöhnung der neuen Frettchen wieder kleine Probleme geben, so wie bei Kira und Pepper, wäre es natürlich ideal, wenn ich zwei neue Tiere aufnehmen würde. Dann wäre in der Eingewöhnungsphase auch bei vorübergehender räumlicher Trennung kein Tier allein.

Je mehr ich über diese Sache nachdachte, desto genauere Vorstellungen hatte ich auch von den beiden neuen Mitbewohnern. Da ich bisher nur Iltisfrettchen hatte, stellte ich mir einen

Farbtupfer sehr schön vor. Und da ich damals wie auch noch heute nichts von Sonderfarben halte, fiel mein Augenmerk auf Albinos und Zimtfrettchen.

Doch bevor ich neue Tiere aufnehmen konnte, musste ich erst einmal den entsprechenden Platz für die Vierbeiner schaffen. Der Käfig in der jetzigen Größe würde nur maximal drei Frettchen genügend Platz bieten. Also wurden noch mal sechzig Zentimeter angebaut, sodass der Käfig jetzt zwei Meter lang war. Die Außenwand des bisherigen Käfigs, an der angebaut werden sollte, wurde nicht über die volle Höhe geöffnet. In Höhe der zweiten Etage wurde nur ein kleiner Durchbruch von neun mal neun Zentimetern gemacht. Dieser kleine Durchgang konnte bei Bedarf zugesperrt werden, um gegebenenfalls kranke Tiere zu separieren.

Pepper war ein sehr frühreifer kleiner Kerl, und schon im September letzten Jahres fing er an Kira zu "belästigen" und zu schleppen. Sein Fell wurde speckig und er fing ordentlich an zu müffeln. Kira zeterte jedes Mal wie ein altes Waschweib, wehrte sich aber nicht, wenn Pepper sie mal wieder durch die Gegend schleifte. Sie tat mir furchtbar leid, und ich überlegt hin und her, ob ich Pepper schon kastrieren lassen sollte. Obwohl erfahrene Frettchenhalter mir sagten, das wäre kein Problem, hatte ich doch Bedenken, ein noch nicht voll ausgewachsenes Jungtier kastrieren zu lassen. Letzten Endes entschied ich mich zu warten, bis Pepper mindestens acht Monate alt war.

Nun ja, ich hielt es sogar durch zu warten, bis Pepper zehn Monate alt war. Ein Grund für mein langes Zögern war natürlich die Tatsache, dass so ein Eingriff immer auch ein Risiko birgt. Durch den Herzfehler war die Narkose noch gefährlicher für Pepper und ich war unglaublich froh, dass sein Handicap schon entdeckt worden war.

Mitte März 2002 war endgültig Schluss und Pepper musste unters Messer. Ich war total nervös und konnte die Nacht davor kein Auge zutun. Um 17.00 Uhr hatten wir den Termin. Wir kamen aber nicht pünktlich dran, weil ein Notfall dazwischenkam.

Als es dann so weit war, wurde Pepper erst einmal gewogen und das Herz abgehört. Ihm die Narkosespritze zu geben, war gar nicht so einfach, denn Pepper schien wohl irgendwas zu ahnen und wehrte sich nach Kräften, kratzte und fauchte. Als es dann aber endlich geklappt hatte, schlief er ganz schnell ein. Ich habe ein Narkosemittel noch nie so schnell wirken sehen. Nachdem Pepper die Spritze bekommen hatte, setzte ich ihn sofort in den Kennel. Als ich die Tür schloss, schlief er schon. Trotzdem wartete der Tierarzt noch einige Minuten. Er beruhigte mich zwar, dass er wegen Peppers Herzfehler extra eine herzschonende Narkose gegeben hatte, aber ich war dennoch ein nervliches Wrack.

Gegen 17.40 Uhr ging's in den OP. Für den Eingriff waren zwanzig Minuten geplant. Ich versuchte mich irgendwie abzulenken und blätterte Zeitschriften durch – ohne zu sehen, was dort eigentlich stand. Endlich war die Zeit um, doch von Pepper keine Spur. Ruhig bleiben, es kann schon mal ein paar Minuten länger dauern. Vierzig Minuten – ich lief im Wartezimmer Kreise. Fünfzig Minuten, ich war fix und alle und malte mir die schlimmsten Dinge aus. Was war nur los?

Erst nach einer Stunde kam die Tierarzthelferin, brachte mir meinen kleinen Liebling zurück und ich konnte ihn überglücklich wieder in Empfang nehmen. Ein Blick in den Kennel und ich sah eine furchtbar große, etwa fingerlange Narbe auf Peppers Bauch und der arme Kerl war ganz blutverschmiert. Die Schwester erklärte mir dann, dass der Tierarzt den innen liegenden Hoden erst nicht finden konnte, weil der sehr versteckt im Bauchraum lag. Morgen sollten wir noch mal zur Kontrolle kommen.

Die Schwester meinte, es könne nicht mehr lange dauern, bis Pepper wieder aufwachte. Er war sehr kalt und atmete flach. Zu Hause stellte ich ihn in einen ruhigen Raum vor die voll aufgedrehte Heizung und deckte ihn mit angewärmten Handtüchern zu. Pepper wurde und wurde aber nicht wärmer und bewegte sich auch kein Stück. Also nahm ich ihn mit zu mir ins Zimmer, holte den Ölradiator und stellte den Kennel daneben. Etwa alle zwanzig bis dreißig Minuten deckte ich ihn mit einem neuen angewärmten Handtuch zu.

Um 21.45 Uhr war Pepper immer noch nicht wach und eiskalt. Schon "leicht" in Panik rief ich beim Tierarzt an. Die Schwester beruhigte mich jedoch und meinte, weil die OP so lange gedauert habe, wurde die Narkose bestimmt noch mal verlängert und es könne noch bis morgen früh dauern, bis Pepper aufwache. Solange die Schleimhäute nicht weiß seien, sondern rosa, sei alles in Ordnung. Sie waren rosa.

Als Kira zwischendurch wach war, hab ich sie zu Pepper gelassen. Sie war sehr interessiert und wollte gleich zu ihm in den Kennel krabbeln und seine Narbe begutachten. Das dufte sie aber nicht. Entgegen meiner Hoffnung wachte Pepper durch Kiras Gegenwart nicht auf. Also stellte ich mir alle anderthalb Stunden den Wecker, um Pepper ein neues warmes Handtuch zu geben und ihn umzudrehen.

Als ich um Mitternacht nach ihm sah, hatte er sich zusammengerollt. Das wertete ich als gutes Zeichen. Die Narkose schien endlich etwas nachzulassen und er schlief jetzt richtig. Gegen 3.30 Uhr wurde ich wach, weil Pepper durch die Gegend schlurfte. Ich war überglücklich und erleichtert. Er trank etwas und ging aufs Klo. Dann verkroch er sich in sein Schlafhäuschen, kam aber gleich wieder heraus und ging zurück in den Kennel (dort war es wohl wärmer). Gegen 8.00 Uhr lief er schon etwas durch die Wohnung und fraß auch ein bisschen. Er legte sich aber bald wieder schlafen.

Diese Nacht werde ich so schnell nicht vergessen. Pepper hat mir ganz schön Angst eingejagt.

Bei der Nachkontrolle am nächsten Tag war der Arzt mit der Narbe sehr zufrieden. Er meinte, dass Pepper das ganze Wochenende über noch sehr müde sein würde. Er verschrieb noch ein Antibiotikum. Zum Fädenziehen brauchten wir nicht kommen, weil sich die Fäden von alleine auflösten.

Nach drei Tagen war Pepper schon wieder fast der Alte, er war nur eine Zeit lang sehr schreckhaft. An der Narbe hat er nicht einmal rumgeknabbert. Allerdings hat er auf die selbstauflösenden Fäden leicht allergisch reagiert und jucken-den Ausschlag bekommen, der erst wegging, als die Fäden ganz aufgelöst waren.

Sobald ein neues Frettchenbuch auf dem Markt ist, wird es natürlich sofort gekauft und in Rekordzeit gelesen. Und in einem der Bücher habe ich gelesen, dass man auch Mehlwür-mer füttern kann. Mein Opa angelt leidenschaftlich gerne. Ir-gendwann haben wir Kira mal einen Regenwurm angeboten und sie steht bis heute total auf diese Dinger und schmatzt beim Fressen immer ganz genüsslich. Wenn sie also Regen-würmer mag, würde sie bestimmt auch Mehlwürmer fressen. Also ab in die Zoohandlung. Die winzige Menge, die ich erst mal zum Testen haben wollte, bekam ich sogar umsonst, weil die Waage bei dem Leichtgewicht streikte.

Kira war so gierig, sie konnte es kaum erwarten, dass ich die Schachtel aufmache. Dann stürzte sie sich sofort auf die Krab-belviecher und schmatzte wieder zufrieden. Pepper war etwas skeptischer. Ich hielt ihm einen Wurm entgegen. Er schnüf-felte und nahm ihn mir ganz vorsichtig mit den Zähnchen aus der Hand. Dann hatte auch er festgestellt, dass Mehlwürmer eigentlich ganz lecker sind.

Wir haben schon April und endlich ist es etwas wärmer gewor-den. Ich habe einen Termin mit der Frettchenhilfe Mecklenburg gemacht, weil dort zwei ca. neun Monate alte Zimtfrettchen, ein Rüde und eine Fähe, abzugeben waren. Nach drei Stunden Autofahrt im Dauerregen und etlichen Malen Verfahren waren wir endlich am Ziel.

In ihrem eigenen Zimmer lebten dort fünf Frettchen – ein ein-äugiger Iltisrüde, ein kleiner Albinorüde, ein wunderhübscher schwanzloser Harlekin und die beiden Zimtfrettchen. Meine zwei waren von der langen Autofahrt ziemlich mitgenommen, aber Pepper erkundete gleich das neue Gebiet. Dabei hatte er die erste Zeit ständig fünf neugierige Frettchen am Hintern kleben, die ihn eingehend beschnüffelten. Das fand er nicht so toll.

Kira dagegen war auf meiner Schulter festgewachsen. Als sie sich dann endlich runtertraute, ging natürlich gleich das

Gekeife los. Die fünf merkten, dass sie keinen Bock auf Kontakt hatte, und ließen sie weitestgehend in Ruhe. Sobald aber Kira auf eines der Tiere stieß, ohne dass dieses etwas von ihr wollte, fing sie an zu kreischen. Wie befürchtet, ging das bald in Beißen über. Allerdings richtete sich fast ihre gesamte Wut gegen die kleine und wirklich sehr liebe Fähe. Die Rüden ließ Kira hingegen mehr oder weniger verschont. Also versuchten wir einen Trick und schmierten der Zimtfähe Vitaminpaste ins Genick. Kira war etwas irritiert, schleckte es aber ab, ohne die Kleine anzufallen. Das änderte sich aber sofort, als die Paste weg war. Also durfte Kira zurück in den Kennel.

Pepper hingegen war auf Entdeckungstour gegangen, ignorierte die anderen Frettchen aber. Ich weiß auch nicht wieso, aber nach einiger Zeit fiel dann plötzlich Groschen, der kleine Albinorüde, über ihn her und verbiss sich in Pepper. Als ich meinen armen Kerl in den Kennel zu Kira setzte, bekam er auch noch von ihr eine Abreibung. Sie hatte ihn wohl zuerst nicht erkannt.

Ich hätte die beiden Zimties furchtbar gerne mitgenommen, hatte aber Angst, dass sich Kiras Beißerei in ihrem eigenen Revier noch verstärken würde. Also fuhren wir allein nach Hause.

Ein paar Wochen später ging die Aktion "Frettchenzuwachs" in die zweite Runde. Diesmal fuhr ich mit einer Freundin und unserer gesamten Frettchenmeute nach Berlin. Als wir gegen 13.00 Uhr ankamen, hatte gerade Elvis, ein wunderhübscher karamellfarbener Iltisrüde, Freilauf. Er sprühte nur so vor Lebensfreude und war die ganze Zeit am Hüpfen. Unsere vier waren fleißig dabei, die neue Umgebung zu erkunden. Dann kamen noch zwei ganz zierliche dunkle Iltisfähen mit den ungewöhnlichen Namen Gurke und Spargel dazu. Auch die zwei waren total gut drauf und ständig am Hüpfen und Muckern.

Kira war diesmal etwas weniger ängstlich, aber das Gekreische blieb. Mit den Fähen kam Pepper prima klar und tobte mit ihnen durch Haus und Garten, als würde er sie schon ewig kennen. Aber mit Elvis hat er sich zum Schluss mächtig gekloppt und er hatte keine guten Karten. Man sah nur ein Knäuel Frett-chen durch den Garten kugeln und hörte Fauchen, Muckern und Gekreische. Ich ging dazwischen und setzte Pepper in den Kennel. Kira hat sich dorthin schon in Sicherheit gebracht und war auch gleich eingeschlafen.

Unterdessen hatte sich Bino, der Albinorüde meiner Freundin, als Eichhörnchen versucht und einen Baum erklommen. Wir standen dann eine Zeit lang zu dritt mit hochgereckten Armen unter dem Baum, um Bino aufzufangen, wenn er abrutschen würde. Er landete weich in den Armen meiner Freundin.

Nach über zwei Stunden war Pepper müde. Ich war mir nicht sicher, ob ich Gurke und Spargel mitnehmen sollte. Mit Pepper verstanden sie sich ja gut, aber waren sie auch für Kira die richtigen Spielgefährten? Während ich mich gegen die beiden wirklich zuckersüßen Damen entschied, hatte meine Freundin mit der gleichen Frage bezüglich Elvis zu kämpfen. Auch sie war sich nicht sicher und entschied sich erst mal dagegen. Also fuhren wir ohne neue Frettchen nach Hause. Wahrscheinlich hatte ich mich zu sehr auf helle Tiere versteift und die beiden Iltisdamen deshalb nicht mitgenommen.

Spargel, Gurke und Elvis haben später woanders ein schönes neues zu Hause gefunden.

Im August 2002 musste ich auch bei Kira testen lassen, ob sie einen Herzfehler hat. Genau wie damals Pepper (bevor er die Medikamente bekam) brauchte sie nach dem Aufstehen lange, um in Gang zu kommen. Beim Toben röchelte sie oft und legte viele Pausen ein. So wurde Mitte August erst mal eine Ultraschalluntersuchung von Kiras Herz gemacht. Sie war fürchterlich aufgeregt und zitterte die ganze Zeit, war aber dank Babybrei sehr brav und hielt still.

Der Ultraschall blieb ohne Befund. Beim Abhören konnte der Doc auch keine Rasselgeräusche feststellen. Aber Kiras Puls war eindeutig viel zu hoch, selbst wenn man ihre Aufregung be-rücksichtigte. Fürs Erste sollte Kira probeweise eine Woche lang entwässert werden, dann stand ein erneuter Tierarztbesuch zur Kontrolle auf dem Programm. Beim Kontrollbesuch kam allerdings kein Ergebnis heraus, und so wurde ein Herzfehler vorerst ausgeschlossen.

Da es Kira jedoch nicht besser ging und weiterhin beim Abhören von Herz und Lunge keine Auffälligkeiten festgestellt werden konnten, wurde ein Termin zum Röntgen gemacht. Und dort wurde tatsächlich eine Herzmuskelschwäche und Wasser in der Lunge festgestellt. Auch Kira musste nun täglich Medikamente bekommen. Bei ihr war die Dosierung der Medikamente etwas schwieriger und musste einige Male geändert und angepasst werden, bevor es optimal war.

Schon als bei Pepper der Herzfehler diagnostiziert wurde, war ich am Boden zerstört. Auch wenn es gute Behandlungsmöglichkeiten gab und er trotzdem sehr alt werden konnte, so blieb es doch eine Krankheit. Damals schon kamen mir im ersten Moment die Tränen aus Sorge um meinen kleinen Liebling. Und jetzt auch noch Kira. Das war ein richtiger Schock für mich und noch im Auto liefen mir die Tränen übers Gesicht und wollten einfach nicht trocknen.

Julie & Merlin machen die Bande komplett

Am 21. Juli 2002 wurden bei einem Mitglied vom Frettchen-Club Berlin zwei circa zehn Wochen alte Welpen im Garten ausgesetzt. Die beiden sollten bei mir ein neues Zuhause finden. Da ich aus gesundheitlichen Gründen nicht nach Berlin fahren konnte, kamen die Berliner zu mir beziehungsweise zu meinen Eltern. Gegen 12.30 Uhr kamen sie an und Mensch und Tier wurden erst mal verpflegt. Beim Füttern machte Julie, die kleine Fähe, einen sehr schüchternen Eindruck. Sie versteckte sich in der hintersten Ecke des Kennels und ließ sich vorerst nicht hervorlocken. Ihr Bruder Merlin hingegen kam sofort vor ans Gitter, untersuchte mich neugierig, entdeckte das Fleisch und riss es mir förmlich aus den Fingern, so gierig war er.

Bei dem schönen Wetter wollten wir die Frettchen draußen im Auslauf aufeinander treffen lassen. Julie und Merlin waren gleich fleißig beim Erkunden und Buddeln. Während Julie wie ein kleiner Gummiball ganz und gar nicht mehr schüchtern durch die Gegend hüpfte und ständig muckerte, war von Merlin nur ein Blöken zu hören. Er hatte wohl immer noch Hunger.

Er ist ein recht stürmischer kleiner Kerl, hat eine riesige Nase und recht große Pfötchen. Aus ihm wird wohl mal ein stattlicher Rüde werden. Er ist reinweiß mit leuchtend roten Augen. Ein wahrer Bilderbuchalbino. Merlin war auch schon recht schwer für sein Alter. Julie ist eine wunderhübsche Zimtfähe. Sie hat schwarze Augen und fast keine Gesichtsmaske, nur die Augen haben eine zimtfarbene Umrandung. Ihr sieht man noch deutlich an, dass sie ein Welpe ist.

Kira und Pepper reagierten erstaunlich gut auf die beiden Neulinge. Man sah Kira das Entsetzen zwar deutlich an, aber sie biss die Kleinen nicht und schrie noch nicht einmal. Sie lief einfach nur weg. Pepper schnupperte nur mal an den Welpen, ließ sie aber in Ruhe. Die beiden Lütten waren völlig aus dem

Häuschen und haben wie wild getobt und sind herumgehüpft. Julie war die ganze Zeit am Muckern, was mich total gefreut hat. Ich liebe so gesprächige Frettchen! Wir verlagerten die ganze Sache nun nach drinnen, damit die Welpen sich richtig den Bauch vollschlagen konnten. Jetzt war Pepper aber nicht mehr so nett, sondern schnappte sich Merlin und zerrte ihn durch die Gegend. Der protestierte natürlich lautstark und wir mussten ihn retten. Zu Julie war Pepper etwas freundlicher. Kira verkrümelte sich ziemlich schnell. Julie und Merlin hingegen waren fleißig am Toben.

Da es mit den vieren recht gut klappte, beschloss ich, die Welpen bei mir zu behalten. Der Papierkram war dann schnell erledigt. Abends habe ich Kira, Pepper, Julie und Merlin gleich in einem Käfig untergebracht. Die beiden Welpen waren zwar müde, aber auch sehr unruhig. Alle paar Minuten legten sie sich auf die andere Seite oder tapsten über die anderen hinweg. Da war für Kira und Pepper gar nicht an Schlaf zu denken und sie wechselten freiwillig in den zweiten Käfig, den ich mir vorsorglich von einer Freundin geliehen hatte.

Zu meinem großen Erstaunen und natürlich auch zu meiner großen Freude hat sich Kira schnell an die Welpen gewöhnt. Sie hat bis jetzt nicht ein einziges Mal gebissen und sie schreit auch nur ganz selten. Schon nach drei Tagen hat sie mit Julie und Merlin richtig toll getobt.

Das große Problem diesmal ist Pepper. Er ist unwahrscheinlich eifersüchtig. Dabei habe ich wirklich sehr genau darauf geachtet, dass er und Kira genauso viel Aufmerksamkeit bekommen wie sonst auch. Da Kira ja nicht gerne kuschelt, habe ich bis jetzt halt immer mit Pepper geschmust und nun hat er auf einmal zwei Konkurrenten.

Er hat sofort stressbedingten Durchfall bekommen. Kira auch, aber bei ihr war die Sache nach zwei Tagen wieder in Ordnung. Pepper hingegen hat nach zwei Tagen, als er merkte, die zwei Lütten bleiben wohl länger hier, aufgehört zu fressen und den ganzen Tag nur noch rumgelegen. Wenn er sich dann mal aufgerafft hat, hat er hauptsächlich mit Merlin gestänkert.

Er hat sich irgendwo an ihm festgebissen und ihn dann ganz dolle hin und her geschüttelt. Wenn die Welpen dabei waren, hat Pepper mich ignoriert. Wenn ich mich aber ganz allein mit ihm beschäftigt habe, zum Beispiel bei einem Spaziergang, hat er wie immer ausgelassen mit mir getobt und war ganz der Alte.

Nach fünf Tagen fing Pepper wieder an, ein bisschen zu fressen. Die letzten drei Tage hatte ich ihn mit Babybrei zwangsernährt. Ich verdünnte den Babybrei so weit mit Wasser, dass ich ihn gut in einer Spritze aufziehen konnte. Dann schnappte ich mir Pepper, setzte ihn mir auf den Schoß und nahm ihn in die Nackenstarre. Die Spritze schob ich ihm vorsichtig in den Mundwinkel und flößte ihm den Brei behutsam ein. Damit sich Pepper nicht verschluckte, musste ich sehr langsam füttern. Mehrmals am Tag wiederholte ich diese Prozedur, damit Pepper bei Kräften blieb.

In den nächsten Tagen gab es Momente in denen Pepper schon prima mit Julie und Merlin gespielt hat. Dann kam es aber auch wieder vor, dass er ihnen im Schlaf in die Nase biss. Nicht selten floss dabei Blut. Also musste ich die Monster, wenn ich nicht zu Hause war, in getrennten Käfigen unterbringen. Nun kam mir sehr zugute, dass ich den Käfig durch die verschließbare Luke abtrennen konnte.

Das erste Augustwochenende gab ich die Rasselbande zu meinen Eltern in Pflege, weil ich einen Kurzurlaub geplant hatte. Donnerstagabend wurden sie abgeholt und ich konnte sie Sonntagnachmittag wieder in die Arme schließen. Ich war ziemlich nervös, weil ich nicht wusste, wie Kira und Pepper reagieren würden. Ich hatte die beiden noch nie länger als einen Tag alleine gelassen.

Meine Eltern berichteten mir dann, dass sogar die Welpen am Wochenende suchend durch die Wohnung gelaufen waren. Aber am meisten haben mich natürlich Kira und Pepper vermisst. Pepper hatte auch schlecht gefressen. Die Wiedersehensfreude war dann bei allen vieren riesig. Besonders Pepper konnte man die Erleichterung ansehen und ich musste sofort eine Runde Fangen mit ihm spielen. Seit diesem Wochenende kuschelt er auch wieder mit mir und sogar Kira lässt sich einige Streicheleinheiten gefallen.

Anfang September konnte ich schon einige Fortschritte verzeichnen. Alle vier sind jetzt in einem Käfig untergebracht. Pepper tobt schon recht fleißig mit Julie und Merlin, und er schläft sogar schon freiwillig bei den Welpen. Nur manchmal beißt er den beiden noch in die Nase. Dafür ist er in letzter Zeit furchtbar verschmust und zu mir ganz lieb. Früher hat Pepper mal ganz gerne ins Gesicht gebissen, wenn man nicht aufgepasst hat. Jetzt schlabbert er es mir ganz fürsorglich ab und knabbert vorsichtig an meinem Ohrläppchen.

Kira ist vor allem morgens sehr zum Toben aufgelegt, wird aber leider oft übergangen, da Pepper ja bekanntlich ein Morgenmuffel ist und die beiden Lütten lieber unter sich spielen. Dann lenke ich entweder Julie oder Merlin ab, und Kira kann dann mit dem anderen Welpen spielen. Das tut sie dann auch mit großer Begeisterung und Ausdauer. Gerade für Merlin ist das gut, damit er merkt, dass er nicht der Boss hier ist und sich nicht alles erlauben kann. Kira weist ihn schon in seine Schranken. Seit die Krümel da sind, hat Kira auch wieder angefangen, beim Toben zu muckern.

Allmählich festigte sich auch der Charakter von Merlin und Julie. Sie war immer noch eine recht schüchterne Fähe. Sie war keineswegs ängstlich, hielt sich aber gerne im Hintergrund. Trotzdem ist Julie eine absolute Frohnatur und immer am Toben, Hüpfen und Springen. Und sie ist ein richtiges Plappermaul. Beim Spielen ist sie ständig am Muckern. Darüber freue ich mich sehr, höre ich den Frettchen doch so gerne beim Erzählen zu.

Julie hat einen totalen Putzfimmel. Alles und jeden muss sie putzen und abschlabbern. Wenn sie einen ihrer Putzanfälle hat, ist sie unglaublich hartnäckig, schon fast penetrant. Meist fällt sie über die anderen her, wenn sie schlafen. Wenn sich das schlaftrunkene Opfer dann murrend wegdrehen will, stellt sich Julie einfach mit ihren Pfötchen auf denjenigen und hält ihn so fest. Doch nicht nur Artgenossen müssen unter ihr leiden, auch ich werde regelmäßig geputzt. Beim Kuscheln schleicht sich Julie klammheimlich immer dichter an mein Ohr heran. Dann knabbert sie vorsichtig an meinem Ohrläppchen, schlabbert mir das Ohr ab und prustet mir beim Ausatmen in den Gehörgang. Spätestens dann bekomme ich eine Gänsehaut und stoppe Julie.

Leider ist Julie mit der Zeit aber in anderer Hinsicht sehr unsauber geworden und ich finde keine Ursache dafür. Sie hat nur eine Trefferquote von etwa zwanzig Prozent. Seltsamerweise macht sie nicht einfach wahllos irgendwo hin, sondern direkt neben das Katzenklo. Dabei ist es egal, ob das Klo frisch sauber gemacht ist oder nicht. Ich muss ständig hinter ihr her putzen.

Merlin ist im Gegensatz zu seiner Schwester ein kleiner Draufgänger. Er markiert gern den großen Max, ist aber eigentlich gar nicht so mutig, wie er tut. Er liebt Wasser über alles und taucht furchtbar gerne im Wassernapf. Er steckt den Kopf einfach unter Wasser und macht manchmal kleine Blasen beim Ausatmen unter Wasser. Wenn die Toilettenspülung geht, dreht Merlin förmlich durch. Er versucht dann immer, ins Klo zu springen. Da das aber zum Glück nicht klappt, lässt er seinen Frust am nächstbesten Frettchen aus, das ihm über den Weg läuft, und vermöbelt es ordentlich.

Neben dieser kleinen Macke ist Merlin auch noch sehr futterneidisch. Er muss immer gerade das haben, was die anderen sich genommen haben. Beim Trockenfutter und Dosenfutter gibt es dieses Problem nicht, aber wenn es Fleisch oder Leckerlis gibt, kommt es regelmäßig zu Streitigkeiten. Merlin kennt dann keine Freunde mehr und geht sehr rabiat vor. Bis heute traut sich Julie nicht, gleichzeitig mit ihm zu fressen. Sie geht erst an den Napf, wenn ihr Bruder fertig ist.

Ich weiß nicht, ob es durch den ausgeprägten Futterneid kommt und weil Merlin deshalb so schlingt. Jedenfalls muss Merlin ziemlich oft pupsen. Immer wenn er sich entspannt, sei es beim Schlafen oder auch beim Kuscheln, entfleuchen ihm diverse Winde. Das brachte ihm auch den Spitznamen Stink-morchel ein. Mit zunehmendem Alter wurde es etwas besser, aber Merlin pupst immer noch sehr oft. Außerdem hat er ein Faible für ungewöhnliche Schlafplätze. Als Baby hat er gerne im (unbenutzten) Katzenklo geschlafen. Das tut er jetzt nicht mehr, aber man kann ihn durchaus mal in der Anbauwand, in einer kleinen Spalte zwischen Couch und Wand oder in einem leeren Papierkorb schlafen sehen. Wenn er doch mal im Körbchen schläft, muss er dieses aber erst seinen Vorstellungen entsprechend umräumen. Soll heißen: Er dreht das Schlafkörbchen einfach um und legt sich dann hinein.

Wenn Merlin einen spannenden Tag hinter sich hat, träumt er sehr intensiv. Es beginnt immer damit, dass seine Augen halb geöffnet sind und er schwer und schnell atmet. Dann beginnt er, wild mit den Pfötchen zu zucken, bis er am ganzen Körper bebt. Wenn es besonders schlimm ist, fängt er auch noch an zu jammern. In diesem Zustand ist er kaum wach zu bekommen. Ich nehme ihn dann meist auf den Arm und beruhige ihn, das hilft.

Frettchenfreunde gesucht

Etwa seit Herbst 2001 war ich bemüht, andere Frettchenbesitzer zum Erfahrungsaustausch und für gemeinsame Unternehmungen zu finden. Natürlich legte ich mein besonderes Augenmerk auf Leute aus meiner Gegend, oder zumindest aus Mecklenburg-Vorpommern. Da ich jetzt auch verstärkt das Internet und die diversen Frettchenforen durchkämmte, fand ich schnell Anschluss. Doch der Kontakt beschränkte sich meist auf E-Mails und Telefon, denn Berlin oder Köln liegen nicht gerade um die Ecke.

Ich weiß nicht, wieso, aber scheinbar ist Mecklenburg in Sachen Frettchen noch ein Entwicklungsland. Oder es liegt an der zurückhaltenden Art der Fischköppe, denn wir gehen hier nicht gleich offen auf Fremde zu. Jedenfalls ist es sehr schade, dass ich bis dato nur wenige Gleichgesinnte hier finden konnte. Daher fahre ich auch so oft es geht zu Veranstaltungen vom Frettchen-Club Berlin. Da hat man wenigstens ein paar Mal im Jahr die Möglichkeit, andere Frettchenbesitzer zu treffen und Neuigkeiten auszutauschen.

Im September 2002 hatte ich es geschafft ein Treffen der Mecklenburger zu organisieren. Wir trafen uns bei einer Freundin, weil dort der meiste Platz war. Insgesamt kamen wir auf neun Frettchen und vier Frettchenhalter.

Neben meinen vieren waren da: Dachsy, ein silberfarbener Iltisrüde, Bino, ein kleiner und kompakter Albino, der aber nicht weiß, sondern mehr beige war, und Speedy, ein wunderhübscher Zimtrüde. Unsere Gäste (und inzwischen sehr, sehr gute Freunde von mir) brachten noch Bibi, eine ganz zierliche Blackselffähe, und Paul, einen sehr schüchternen dunklen Iltisrüden, mit.

Als alle da waren, haben wir die Frettchen gleich zusammen laufen lassen. Die ersten Minuten war alles ruhig und die Tiere vertrugen sich prima. Ich war sehr stolz auf Kira. Sie war überhaupt nicht schüchtern und hat auch nicht geschrien. Dafür war Paul extrem scheu. Er stand entweder abseits oder war bei Frauchen auf dem Arm. Als die Frettchen die Umgebung und die neuen Spielkameraden begutachtet hatten, fingen Pepper und Dachsy an zu stänkern. Merlin war auch sehr gerne für eine Kraftprobe zu haben, was wohl an den Hormonen lag. Aber Julie war super lieb zu allen, genau wie Speedy. Bibi, Bino und Kira waren auch ganz brav. Manchmal gab's etwas Weibercatchen, aber meist blieb es bei den Ladies beim Sich-gegenseitig-Anschreien. Nach gut einer Stunde machten wir eine Pause. Die Frettchen wurden verpflegt und für unser leibliches Wohl war auch gesorgt. Nachdem alle gestärkt waren, ließen wir die Fretts noch mal raus. Julie hat ganz toll mit Speedy getobt. In der Zwischenzeit hatte Pepper gemerkt, dass Paul Angst hat, und ist öfters über ihn hergefallen. Da die Zeit wie im Flug vergangen ist, haben wir den Ausflug dann auch beendet. Die meisten Tiere schliefen in ihren Kennels auch sofort ein.

Wie ich schon im Sommer angenommen hatte, hat sich Merlin zu einem prachtvollen Jungrüden entwickelt. Er hört gar nicht mehr auf zu wachsen und ist schon über 1900 Gramm schwer. Und das zieht Probleme nach sich. Weil sein Hinterteil so schwer ist, hat der Herr zum Beispiel Schwierigkeiten, auf die Couch zu kommen. Es ist immer ein urkomischer Anblick, wenn Merlin zum Sprung ansetzt, mit dem Oberkörper auch oben ankommt und dann verzweifelt versucht, den Rest nachzuschieben. Dann hängt er mit strampelnden Hinterbeinen an der Couch herunter. Da Kira so klein ist, schafft sie es auch nicht allein auf das Sofa. Deshalb habe ich den Kratzbaum neben die Liege gestellt und sie kann über ihn auf die Couch gelangen. Merlin hätte diese "Treppe" natürlich auch nutzen können, aber nein, man hat ja seinen Stolz.

Sein dickes Hinterteil handicapte Merlin auch im Käfig. Die erste und zweite Etage waren ja durch ein Rohr verbunden. Diese Röhre kam er zwar herunter, aber nicht wieder rauf! Er war einfach zu schwer. Und sobald sich Merlin einmal zum

Fressen nach unten begeben hatte, saß er dort den Rest des Tagen fest. Das war natürlich nicht schön für ihn, und so musste ich den Käfig "behindertengerecht" umbauen. Doch wie? Erst dachte ich an eine Rampe, doch mein Opa hatte eine bessere Idee. Oberhalb des Schlafhäuschens wurde ein weiteres Loch in die zweite Etage gesägt. Unter dem Loch wurde schräg nach unten zum Ende des Schlafhäuschens ein Netz gespannt. Merlin müsste also nur aufs Häuschen klettern und könnte von dort über das Netz die zweite Etage erreichen. Nach ein paar Mal Üben mit Leckerchen hatten alle Tiere den Bogen raus und das Netz wird seitdem sehr gerne genutzt. Kira ist die Einzige, die noch die Röhre nimmt.

Kurz vor Weihnachten 2002 sollte Merlin kastriert werden. Eigentlich war es mir zu früh, aber er terrorisierte die anderen ganz schön. Und bei seinen Rangkämpfen mit Pepper zog dieser immer den Kürzeren. Das konnte ich mir nicht mehr länger mit ansehen, ich hatte die Sache so lange es ging hinausgezögert.

Wenn eines meiner Tiere operiert wird, brauche ich eigentlich immer psychologische Betreuung, weil ich furchtbar mit meinen Süßen leide. Auch diesmal ging es mir nicht anders. Kurz vor dem Termin um 16.00 Uhr trafen wir in der Praxis ein. Merlin die Narkose zu geben, war alles andere als einfach, denn er hasst Spritzen über alles und hat sich nach Kräften gewehrt. Und es ist nicht gerade einfach, ein wütendes Frettchen mit über 1900 Gramm Kampfgewicht unter Kontrolle zu halten. Der Tierarzt dosierte das Narkosemittel vorsichtig und gab anfangs eine Dosis für ein geringeres Gewicht. Nach etwa fünf Minuten sollte das Mittel wirken. Es sollte, tat es aber nicht. Merlin lief zwar etwas langsamer durch die Gegend, schwankte aber nicht mal ein kleines bisschen. Also musste noch mal nachgespritzt werden und dann schlief Merlin endlich ein. Als der Tierarzt dann anfing, meinem Dicken den Bauch zu scheren, flüchtete ich ins Wartezimmer.

Gegen 16.15 Uhr kam Merlin in den OP und eine knappe halbe Stunde später hatte ich ihn wieder. Zu Hause wurde er erst einmal von den anderen getrennt. Er war ziemlich schnell wieder wach, aber es dauerte etwa eine Stunde, bis er halbwegs auf die Beine kam. Wohl durch die Bewegung fing die Wunde an zu bluten und Merlin leckte ständig daran. Er fraß und trank den ganzen Abend nichts, nahm nur ein Löffelchen Babybrei. Seltsamerweise legte er seinen Kopf immer etwas hoch. Dann schien es ihm besser zu gehen. Am allerbesten war es aber, wenn Frauchen sich vor ihn hockte und sein Köpfchen in die Hände nahm und mit ihm redete. Dann war er ruhig. Am nächsten Tag war er aber schon wieder fast der Alte. Die anderen drei waren froh, ihn wieder zu haben, und waren auch beim Toben sehr vorsichtig.

Angel

Am 8. Januar 2003 wurde Angel bei mir abgegeben. Ihre Besitzer hatten sich getrennt und konnten oder wollten sie nicht behalten. Das Tierheim hatte sie an mich verwiesen. Ende letzten Jahres hatte ich dem hiesigen Tierheim meine Hilfe angeboten, wenn es um Frettchen ging. Und mein Angebot wurde dankbar angenommen. Angel war mein erstes "richtiges" Pflegetier. Nachdem meine Freundin und ich bereits einen Rüden aus schlechter Haltung und zwei Jungrüden aus einer Zoohandlung geholt hatten, war Angel das erste Frettchen, das einige Tage bei mir untergebracht war.

Anfangs war ich ganz wild darauf, als Pflegestelle mitmachen zu können. Doch ich war ziemlich blauäugig an die Sache herangegangen. Es ist unumstritten ein tolles Gefühl, einem Tier in Not zu helfen. Doch nicht jeder Tierfreund ist als Pflegestelle geeignet. Bei mir ist es zum Beispiel prinzipiell so, dass ich fremde Tiere anfangs konsequent von meinen trenne. Mindestens für einige Tage. Auch wenn viele Leute das für Quatsch halten, ich handhabe es nun mal so. Die Sicherheit meiner eigenen Tiere geht immer vor! Wenn viele Leute sich beim Thema Krankheiten zu wenig Sorgen machen, mache ich mir vielleicht zu viele. Aber das ist meine Entscheidung. Langer Rede kurzer Sinn: Meine Wohnverhältnisse machen eine räumliche Trennung der Pflegetiere nicht leicht.

Ein weiterer nicht zu unterschätzender Punkt ist die emotionale Seite. Ich binde mich sehr schnell und sehr stark an Tiere, die bei mir sind, auch wenn es nur zur Pflege ist. Und ich habe recht große Probleme damit, diese Tiere wieder herzugeben. Es ist für mich jedes Mal ein Kampf. Ich grübele, ob ich sie vielleicht behalten kann. Mein Herz sagt dann meist etwas anderes als mein Verstand.

Das sind für mich die wichtigsten Gründe, warum ich, wenn überhaupt, Tiere nur kurzfristig aufnehme, bis eine andere

Pflegestelle frei ist. Das stößt jedoch nicht immer nur auf Verständnis. Aber aktiver Tierschutz bedeutet in meinen Augen nicht, dass man ständig Abgabetiere aufnehmen muss. Die Menschen, die das tun, haben meinen allergrößten Respekt, doch man kann auch anders helfen. Zum Beispiel durch Aufklärungsarbeit. Wann immer jemand mit Fragen zum Thema Frettchen an mich herantritt, versuche ich zu helfen und aufzuklären. Wenn ich Tiere sehe, die einzeln gehalten werden oder deren Haltung nicht in Ordnung ist, rede ich mir den Mund fusselig. Wenn jemand, bevor er sich Frettchen anschafft, diese mal live sehen möchte, kann er zu mir kommen. Auch das alles hilft, das Verständnis für die Bedürfnisse und Haltungsbedingungen der Tiere zu bessern.

So standen also Anfang Januar zwei junge Männer vor meiner Tür. Die Fähe hatten sie in einer Plastikbox untergebracht, die oben mit Hühnerdraht abgesichert war. Aus den völlig verdreckten Kuscheltüchern schaute mich neugierig die kleine Maus an. Der junge Mann hatte mich zwar vorgewarnt, dass Angel krank sei, aber auf diesen Anblick war ich nicht vorbereitet. Der Bereich um die Vulva war stark entzündet und blutig geleckt und sie hatte bräunlichen Ausfluss. Der Bauch war angeschwollen, aber weich. Ich erhielt vom Besitzer die Auskunft, die Behandlung sei jetzt nach drei Wochen beendet, aber er wisse nicht, ob Angel noch mal krank werde. Mir lag eine ziemlich unhöfliche Bemerkung zum Verantwortungsbewusstsein des jungen Mannes auf den Lippen, doch ich biss mir nur auf die Zunge.

Obwohl mir gleich das Wort "Ansteckungsgefahr" durch den Kopf geisterte, tat mir die Kleine furchtbar leid. Also nahm ich Angel und sie bekam einen separaten Käfig in einem anderen Zimmer. Damit kein Schmutz in die Wunde kam, wurde das Katzenklo mit Küchenpapier ausgelegt. Sie wurde vorher auf Einstreu gehalten, was die Heilung natürlich nicht gerade gefördert hatte. Beim Kot- und Urinabsetzen hatte Angel teilweise starke Schmerzen und äußerte das durch Quietschen oder Muckern.

Kaum im Käfig, machte sich die Lütte auch gleich übers Futter her. Während der ganzen Zeit, die Angel bei mir in Pflege war, hatte sie einen guten Appetit. Sie fraß aber nur Trockenfutter. Frischfleisch und Gurken würdigte sie keines Blickes. Auf Nassfutter war sie ganz wild, leckte aber nur daran herum und verschleppte es. Ansonsten sah sie recht gut aus. Das Fell war super flauschig und sie hatte ordentlich Winterspeck. Sie war sehr ruhig, aber nicht schüchtern und recht neugierig. Nach Aussage des Besitzers war sie etwa zweieinhalb Jahre alt und kastriert. Der Impfausweis war auf wundersame Weise abhanden gekommen. Am nächsten Tag stand natürlich gleich ein Tierarztbesuch auf dem Programm. Ich ging zu dem Tierarzt, bei dem Angel schon in Behandlung war und der somit ihre Vorgeschichte kannte. Da ich mir vom Besitzer eine schriftliche Genehmigung geben ließ, durfte der Arzt mir auch Auskünfte zu vorherigen Behandlungen geben. So bekam ich zu hören, dass die Behandlung nicht beendet, sondern vom Vorbesitzer abgebrochen worden war. Der Tierarzt verordnete nun wieder täglich Antibiotika und eine Salbe.

In den nächsten Tagen verkleinerte sich die Wunde etwa um die Hälfte und sah nicht mehr so blutig aus. Angel bekam mehrmals täglich Freilauf und sie dehnte ihre Ausflüge von anfangs zehn Minuten auf fünfzig Minuten aus. Morgens und abends bekam sie eine Extraportion Babybrei und Vitaminpaste, was sie jedesmal kaum erwarten konnte.

Am 18. Januar übergaben wir Angel an den Frettchen-Club Berlin. Der Abschied von dem kleinen tapferen Engel fiel mir furchtbar schwer.

In den folgenden zwei Wochen musste Angel dreimal operiert werden, aber es brachte keinen Erfolg. Da es ihr immer schlechter ging, musste sie am 31.01.03 eingeschläfert werden.

Peppers schweres Los

Weihnachten 2002 ist mir nicht in guter Erinnerung geblieben. Pepper ging es von Tag zu Tag schlechter. Er schlief nur noch, kapselte sich von den anderen ab, fraß schlecht, lief mit hochgezogenen Flanken durch die Gegend oder lag mit großen tränenden Augen in seinem Kuschelkörbchen. Da ich die Feiertage bei meinen Eltern verbrachte, mussten die Tiere in ihrem Übergangskäfig schlafen. Der war recht winzig, aber es war ja nur für ein paar Tage und sie waren ja nur nachts drin. Pepper machte das allerdings diesmal sehr zu schaffen, und so setzte ich ihn in einen Extrakäfig, was ihm scheinbar sehr angenehm war. Gleich nach Weihnachten ging ich mit Pepper zu einem Tierarzt. Ich wusste nicht, ob dieser sich mit Frettchen auskennt, aber ich wollte nicht extra bei Schnee und Eis eine Stunde mit dem Auto fahren. Nun ja, der gute Mann war etwas ratlos und verordnete eine Wurmkur und ein Aufbaupräparat.

Wie erwartet, ging es Pepper nicht besser, und so ging ich im neuen Jahr sofort zu meinem Tierarzt. Die Symptome konnten auf zwei Ursachen hindeuten: ein Problem mit der Lendenwirbelsäule oder mit den Nieren. Pepper bekam eine Spritze gegen die Schmerzen und sollte noch für weitere sieben Tage Schmerzmittel erhalten. Dann sollten wir zur Kontrolle wiederkommen und eine Urinprobe mitbringen.

Bei der Urinuntersuchung eine Woche später wurden viele Kristalle im Urin gefunden und eine Blasenentzündung festgestellt. Das daraufhin verschriebene Antibiotikum wirkte gut und schnell und mein kleiner Schatz erholte sich langsam. Noch eine Woche später wurde eine erneute Urinuntersuchung gemacht und es wurden keine Kristalle mehr gefunden. Pepper hatte sich wieder aufgerappelt und war munter wie eh und je.

Doch schon Ende Februar fing wieder alles von vorne an. Pepper ging es noch schlechter als beim letzten Mal. Er hatte wieder riesengroße tränende Augen, schlief viel und trank übermäßig. Außerdem hatte er in einer Woche sechzig Gramm abgenommen. Beim Abtasten stellte der Arzt extrem schmerzempfindliche Nieren fest. Wieder bekam Pepper Schmerzmittel und zehn Tage lang Antibiotika. Eine erneute Urinprobe war unauffällig. Also musste ein Blutbild gemacht werden. Egal wie schlecht es Pepper ging, er wehrte sich mit unglaublicher Kraft gegen das Blutabnehmen. Ich konnte kaum helfen, war hin und her gerissen. Es tat mir so furchtbar leid, dass Pepper diese unangenehme und sicherlich auch schmerzhafte Prozedur erleiden musste. Doch wenn ihm geholfen werden sollte, musste erst festgestellt werden, was ihm fehlt. Irgendwann hatten es zwei Tierärzte und eine Schwester geschafft, ihm etwas Blut abzunehmen, und Pepper fiel erschöpft in meine Arme. Ich hatte mindestens genauso gelitten wie er und drückte den zitternden kleinen Kerl an mich und streichelte ihn und redete beruhigend auf ihn ein.

Ein paar Tage später konnte ich das Ergebnis abholen. Es war der 07. März 2003, ich werde diesen Tag nie in meinem Leben vergessen. Die Tierarzthelferin überbrachte mir die Nachricht: "Ja, das Ergebnis liegt vor. Er hat's mit den Nieren", sagte sie mir fröhlich ins Gesicht.

Diese Worte trafen mich wie ein Schlag mit unglaublicher Wucht. Sie hatte es nicht bös gemeint, sie war eben immer gut drauf, doch sie hatte mir damit alle Hoffnung genommen und Peppers Todesurteil ausgesprochen. Mein Magen verkrampfte sich und mir war, als würde ich in ein bodenloses Loch fallen. Während ich zu einem Stuhl taumelte und wartete, um noch mit dem Arzt zu sprechen, brannte sich dieser Satz in mein Gedächtnis ein. Immer und immer wieder hörte ich diese Worte. Nur mit Mühe konnte ich meine Tränen zurückhalten. In meinem Kopf war ein heilloses Durcheinander. Was konnte ich für meinen kleinen Liebling tun, was war jetzt zu beachten?

Der Doc erklärte mir das Blutbild sehr ausführlich und besprach die weitere Behandlung. Der nächste Schock für mich war die Mitteilung, dass wenn eine Niereninsuffizienz festgestellt wird, die Nieren meist schon etwa zu 75% zerstört sind. Um das genaue Ausmaß feststellen zu können, muss eine Untersuchung mit Ultraschall erfolgen.

Pepper musste ein spezielles Diätfutter bekommen und eventuell konnte ihm mit homöopathischen Mitteln geholfen werden. Das alles würde den Verlauf der Erkrankung aber nur verlangsamen und nicht aufhalten. Im günstigsten Fall würde Pepper noch anderthalb Jahre haben. 18 Monate nur noch, er war doch noch nicht mal zwei Jahre alt! Er hatte doch schon mit einem Herzfehler zu kämpfen, war auch sonst sehr viel krank, und jetzt das! Doch es blieb mir nichts anderes übrig, als mich an diesen letzten und einzigen Strohhalm zu klammern – 18 Monate ...

Eine Woche später hatten wir den Termin zum Ultraschall. Die rechte Niere war schon fast völlig zerstört, an der linken waren zwei Zysten. Laut Aussage des Tierarztes keine völlige Katastrophe, aber es hätte besser sein können. Eine Operation lehnte er ab. Zum einen war die Narkose für Pepper wegen seines Herzproblems nicht ganz ungefährlich, und zum anderen waren ja sowieso beide Nieren betroffen. Eine Behandlung war nur mit Medikamenten möglich. Eine Transplantation war nicht möglich, und Dialyse war, wenn überhaupt, zum jetzigen Zeitpunkt nur bei Hunden machbar.

Am nächsten Tag hatte ich mit Pepper einen Termin wegen der homöopathischen Mittel. Die Tierärztin untersuchte ihn noch mal ganz genau und stellte mir fast eine halbe Stunde lang alle möglichen Fragen. Angefangen von Peppers Lieblingsfutter über sein Verhalten, seine Ängste und liebsten Spiele bis hin zu seinem bisherigen "Krankenblatt". Nach einigen Tagen Auswertung bekam Pepper dann zur Unterstützung vier verschiedene pflanzliche Mittel verschrieben. Dass er wegen seines Herzfehlers und dem damit verbundenen Wasser in der Lunge entwässert werden muss, ist sehr ungünstig für die Nieren, aber es gibt keine Alternative.

Da er jetzt immerhin sieben verschiedene Medikamente bekam, musste ich mir einen richtigen Plan ausarbeiten. Einige

Medikamente mussten auf nüchternen Magen gegeben werden, andere erst nach dem Füttern. Wieder andere mussten in einem zeitlichen Mindestabstand zum nächsten Medikament gegeben werden.

Die ersten zwei Wochen nach der Diagnose war ich fast täglich beim Tierarzt, meistens ohne Pepper. Ich hatte so viele Fragen, konnte einige Zusammenhänge noch nicht verstehen. Doch nach und nach wurde vieles klarer, und ich konnte mir auch einen Reim auf Dinge machen, die vorher keinen Sinn ergaben. Stundenlang saß ich am Computer und suchte im Internet nach Informationen und anderen Frettchenhaltern, die Tiere mit Niereninsuffizienz hatten. Ich konnte einige ausfindig machen, doch es waren jedes Mal keine guten Nachrichten, die mich erreichten. Die Frettchen waren alle einige Wochen nach der Diagnose verstorben.

Natürlich befragte ich auch andere Tierärzte zu ihren Erfahrungen mit nierenkranken Frettchen und schickte Peppers Unterlagen kreuz und quer durch Deutschland. So viele Kleinigkeiten hatten darauf hingewiesen, aber niemand hatte sie zu deuten gewusst. Peppers Unruhe, der krümelige Kot (bisher war da von einem Magen-Darmproblem ausgegangen worden), die abgebrochenen oder ganz ausgefallenen Schnurrbarthaare, die schuppige Haut an den Flanken, sein eigenartiger Geruch und die großen tränenden Augen, all das waren Anzeichen für ein Nierenproblem gewesen.

Die ersten zwei Wochen stand ich ziemlich neben mir. Ich war fast nur am Weinen, selbst auf der Arbeit liefen mir ganz unvermittelt Tränen übers Gesicht. So sehr ich mich auch abzulenken versuchte, meine Gedanken kreisten nur um Pepper und seine hoffnungslose Situation. Dann endlich hatte ich auf Kampf umgeschaltet und war fest entschlossen, das alles durchzustehen, Pepper zuliebe.

Er brauchte jetzt meine ganze Kraft und Liebe. Es war keine leichte Aufgabe und die Tatsache, dass es ein vergeblicher Kampf war, belastete mich sehr. Alle paar Monate schien es, als würde ich darunter zusammenbrechen. Eine liebe und sehr gute Freundin aus Köln schaffte es jedoch jedes Mal, mich wieder aufzubauen und mir neuen Mut zu geben. Egal, wie oft ich mich bei ihr ausweinte, sie hatte immer ein offenes Ohr für meine Sorgen und Probleme, obwohl sie selber ein schwerkrankes Frettchen hatte.

Die zig verschiedenen Medikamente, die Pepper bekommen musste, nahm er fast alle freiwillig und ich war sehr stolz auf ihn. Die Mittel schlugen auch sehr gut an und Peppers Zustand besserte sich langsam. Trotzdem war sein Gesundheitszustand ein ständiges Auf und Ab, doch mir wurde gesagt, das sei bei dieser Erkrankung normal. Es gab gute und schlechte Phasen. Wenn es ihm schlecht ging, schlief er viel und suchte oft meine Nähe. Oft kam er zu mir, wenn ich auf der Couch saß, kletterte auf meinen Schoß und schlief dort ein. Wenn er wach war, war er sehr unruhig. Er roch sehr streng und hatte immer große tränende Augen.

Während dieser Zeit ließ ich Pepper nur alleine, wenn es nicht anders ging, zum Beispiel weil ich arbeiten musste. Manchmal fuhr ich dann in der Mittagspause kurz nach Hause, um nach ihm zu sehen. Ansonsten wurde alles andere hintan gestellt – keine Einkaufstouren, kein Kino oder ähnliches. Mich mit Freunden treffen, ging nur, wenn diese zu mir kamen. Auch Kira, Julie und Merlin merkten natürlich, wenn es Pepper nicht so gut ging. Meist war dann die Stimmung in der ganzen Gruppe sehr gedrückt und es wurde wenig gespielt.

In den guten Phasen war es, als wäre Pepper ein ganz gesundes Frettchen, er war munter und fröhlich und tobte mit den anderen durch die Wohnung, hatte einfach Spaß. Dann waren auch die anderen drei wieder voller Energie und trieben ihre Späße. Besonders Pepper schien dann alles aufholen zu wollen, was er in der letzten Zeit versäumt hatte, und hatte nur Unsinn im Kopf. Seine Lebensfreude und sein Kampfgeist waren unglaublich, und es ist schwer zu beschreiben, wie sehr es mein Herz berührte, ihn dann wie ein kleines Lämmchen mit strahlenden Augen durch die Wohnung hüpfen zu sehen. Diese Phasen gaben mir unendlich viel Kraft und Hoffnung.

Anfangs ging es ihm von Tag zu Tag mal besser, mal schlechter. Mit der Zeit aber verlängerten sich die Phasen (aus Tagen wurden Wochen) und sie wurden intensiver, was besonders die schlechten Phasen sehr hart machte. Von Tag zu Tag, und besonders mit jeder schlechten Phase, wurde die Bindung zwischen mir und Pepper enger. Ich brauchte ihn nur anzusehen und wusste, was los war.

Wie schon erwähnt, musste die Fütterung komplett umgestellt werden. Pepper musst von nun an protein- und phosphorarm ernährt werden. Leckerlis waren ab sofort gestrichen, stattdessen gab es Babybrei. Fleisch von Huhn oder Pute gab es nur noch einmal pro Woche. Kein Rind mehr und keine Innereien. Ab und zu war Fisch erlaubt, und es gab jetzt öfters gekochte Kartoffeln, Nudeln oder Reis. Und natürlich das Diätfutter. Da stellte ich mich auf einen harten Kampf ein. Pepper hat noch nie in seinem Leben Trockenfutter angerührt, trotzdem nahm ich auch davon eine Tüte mit sowie einige Dosen Nierendiät.

Freunde, die mich gut kennen, wissen, dass ich eigentlich nur einen verschwindend geringen Teil des Tages in der Küche zubringe. Dieser Raum hat für mich eher den Zweck einer Abstellkammer. Doch in den nächsten Wochen sollte ich wirklich *viel* Zeit in der Küche verbringen, um Pepper das Diätfutter schmackhaft zu machen.

Ich versuchte wirklich alle möglichen und unmöglichen Variationen. Da eine abrupte Futterumstellung keine Aussicht auf Erfolg hatte, musste ich das Diätfutter unter das gewohnte Futter mischen und den Anteil des normalen Futters langsam verringern. Also frisch ans Werk.

Nun gut, ich hatte nicht wirklich daran geglaubt, Pepper so einfach austricksen zu können. Er mäkelte natürlich herum und sortierte aus – die guten ins Mäulchen, die schlechten blieben im Napf. Okay, andere Taktik. Ich mischte Babybrei unter das Nassfutter. Aber Pepper leckte den Brei nur fein säuberlich ab und fraß dann weiter sein gewohntes Futter. Also griff ich ganz tief in die Trickkiste und pürierte das Futter kurzerhand. So konnte er nicht aussortieren. Pepper fuhr aber auch schweres

Geschütz auf und fraß nun gar nichts mehr. Beim Trockenfutter hatte ich genauso wenig Erfolg. Dazu muss ich aber auch sagen, dass Pepper auch sonst kein Trockenfutter frisst. Wenn ich es einweiche, schlabbert er aber gerne die Brühe davon. Normalerweise hätte ich den Kampf nach ein paar erfolglosen Versuchen aufgegeben. Aber hier ging es ja sozusagen fast um Leben und Tod. Eine ungünstige Ernährung konnte Peppers Leben noch mehr verkürzen. Also blieb ich hart. Natürlich ließ ich Pepper nicht verhungern, ich mischte das Futter wieder. Und ich fing an Buch darüber zu führen, wie es Pepper geht und was und wie viel er wann gefressen hat. Und es machte sich bezahlt, dass ich so unnachgiebig blieb. Nach über einem Monat war die Futterumstellung erfolgreich und Pepper nahm das Diätfutter an.

Peppers Diät stellte mich in Bezug auf die Ernährung der anderen vor ein großes Problem. Die anderen waren ja gesund und benötigten die Diät nicht. Wenn sie also ständig das Diätfutter bekamen, konnte das zu Mangelerscheinungen führen. Da Frettchen ja nun mal alle drei bis fünf Stunden fressen, musste Futter ständig zur Verfügung stehen. Pepper tagsüber, wenn ich auf Arbeit war, von den anderen zu trennen, kam überhaupt nicht infrage. Er brauchte den ständigen Kontakt zu seinen Freunden, gerade weil er gesundheitlich angeschlagen war.

Ich regelte die Sache folgendermaßen: Diätfutter stand immer zur Verfügung. Julie und Kira fraßen in Maßen auch davon, nur Merlin verweigerte es total. Also stellte ich auch immer ein Schälchen mit Trockenfutter hin. Übers Wochenende hatte ich getestet, ob auch Pepper von dem normalen Trockenfutter fressen würde, aber selbst bei größtem Hunger nahm er es nicht. Morgens, bevor ich aus dem Haus ging, wurden Merlin, Kira und Julie extra gefüttert und bekamen normales Futter. Sobald ich nach Hause kam, bot ich den dreien wieder ihr Futter an.

Merlin hatte bald eine Möglichkeit gefunden, mich darauf aufmerksam zu machen, dass er Hunger hatte und sein Futter wollte. Da das Futter, und nun also Peppers Diätfutter, immer in der untersten Etage stand, fütterte ich die drei anderen in der zweiten Etage. Merlin hatte sich ziemlich schnell gemerkt, dass es in der zweiten Etage immer das "gute" Futter gab. Sobald er Hunger bekam, lief er also in die zweite Etage und schaute zu mir herüber. Er ließ mich keine Sekunde aus den Augen, bis ich aufstand und ihm den Teller hinstellte.

Seit Anfang März war Julie in der Ranz. Sie war das genaue Gegenteil von Kira – total ruhig und liebebedürftig. Sie schlief viel, putzte die anderen ständig und wollte am liebsten nur gekrault werden.

Am 26. März 2003 um 13.45 Uhr hatten wir den Termin für die Kastration. Eine kurze Untersuchung und dann bekam Julie die Narkosespritze, was sie mit mehrfachem Fauchen quittierte. Nach ein paar Sekunden war sie eingeschlafen, und kurz nach 14.00 Uhr ging es in den OP. Ich blieb im Warteraum und versuchte mich mit einem Buch abzulenken. Nach etwa dreißig Minuten hatte ich meine Süße wieder. Sie hatte sich während der OP total verdreht und war ziemlich steif, was den Doc aber nicht beunruhigte.

Zu Hause folgte das übliche Prozedere – einen eigenen Käfig in einem ruhigen Zimmer hatte ich schon fertiggemacht, Wärmflasche und angewärmte Handtücher lagen bereit. Julie fing sofort an zu zappeln und wollte auf die Beine kommen, was natürlich in ihrem Zustand noch nicht ging. Ich hab sie erst mal beruhigt und ihr den Rücken trockengerubbelt. Dann hab ich sie in Ruhe gelassen und nur ab und zu nach ihr gesehen. Gegen 18.00 Uhr schlief Julie noch tief und fest und etwa um 20.30 Uhr hab ich sie beim Futtern erwischt. Schon nach zwei Tagen hatte sie sich erholt und tobte wieder vorsichtig durch die Wohnung.

Eine Folge der Niereninsuffizienz bei Pepper war, dass er fast immer sehr unruhig war. Besonders während der schlechten Phasen lief er oft und lange rastlos umher. Auch nachts war er rastlos, lief im Käfig auf und ab und kratzte am Gitter. Ich musste mir etwas einfallen lassen.

Als ich mit der Frettchenhaltung anfing, kamen die Frettchen anfangs nur morgens und abends für ein paar Stunden zum

Toben raus. Sobald sie sich schlafen legten, kamen sie wieder in den Käfig. Nach gut einem Jahr, als Pepper kam, durften die Frettchen länger draußen bleiben. Morgens nur kurz, bis ich zur Arbeit musste. Aber sobald ich nach Hause kam, blieb der Käfig offen, bis ich zu Bett ging. Auch wenn die Tiere sich zwischendurch schlafen legten, mussten sie nicht zurück in den Käfig, sondern konnten es sich in den verschiedenen Kuschelkörbchen und Decken gemütlich machen. Über Nacht mussten die Monster aber nach wie vor in den Käfig.

Nun überlegte ich, die Frettchen auch nachts frei laufen zu lassen. Nach einigem Hin und Her versuchte ich es. Die ersten drei Nächte waren furchtbar. Bei jedem noch so leisen Geräusch, das ich nicht einordnen konnte, schreckte ich hoch. Wie ich erwartet hatte, kamen die Frettchen auch zu mir ins Bett. Vor allem Pepper fand es ganz toll, dort über Nacht zu schlafen. Es ist nicht so, dass mich das gestört hätte, ich hatte nur furchtbare Angst, ich könnte eines der Tiere im Schlaf erdrücken. Dementsprechend war ich anfangs morgens wie gerädert, ganz einfach weil ich mich über Nacht dermaßen verkrampfte aus Panik, ein Frettchen unbemerkt zu erdrücken.

Nun ja, mit der Zeit gewöhnte ich mich an die Geräusche der nächtlich aktiven Frettchen und wachte davon nicht mehr auf. Nach und nach verkrampfte ich mich nachts auch nicht mehr so, aber richtig gut schlief ich selten, wenn die Frettchen über Nacht mit im Bett waren. Daher beschloss ich einige Zeit später, dass ich über Nacht mein Bett für mich allein haben wollte. Die Frettchen durften ins Bett und dort auch schlafen, aber sobald ich zu Bett ging, mussten sie es sich woanders gemütlich machen. Überraschenderweise haben es alle sehr schnell verstanden und kamen nachts nicht mehr ins Bett.

Seit die Monster auch nachts laufen konnten, war Pepper nicht mehr ganz so unruhig. Jetzt mussten die vier nur noch in den Käfig, wenn ich zur Arbeit ging. Da es alles so weit gut klappte und die Wohnung ja auch frettchensicher war, beschloss ich etwa ein Jahr später, die Frettchen auch laufen zu lassen, während ich arbeiten war. Am Wochenende und im

Urlaub liefen sie eh schon den ganzen Tag frei, und dabei stellte ich fest, dass sie nach einem ausgiebigen Spiel am Morgen eigentlich bis zum Nachmittag durchschliefen.

Die ersten Tage kam ich immer etwas nervös von der Arbeit, aber das erwartete Chaos blieb aus. Nur einige Bücher und CDs mussten ab und an wieder ins Regal geräumt werden. Die Frettchen liefen nun also vierundzwanzig Stunden am Tag frei. So kam ich nach und nach von der Käfighaltung zur freien Wohnungshaltung. Von vielen Frettchenhaltern wird diese Haltungsform favorisiert und Käfighaltung teilweise sogar als nicht artgerecht angesehen. Ich persönlich finde diese Einstellung übertrieben. Es ist schon schön, dass man keine Gewissensbisse haben muss, wenn man mal etwas später nach Hause kommt. Das wird von Verfechtern der freien Wohnungshaltung oft als Vorteil angeführt. Aber ein vorbildlicher Frettchenbesitzer kümmert ich so oder so ausreichend um seine Tiere, egal wie sie untergebracht sind. Ein ebenfalls gern genanntes Argument ist die Aussage, die Frettchen wären bei freier Wohnungshaltung "viel ausgeglichener und glücklicher". Tut mir leid, aber ich sehe das anders. Meiner Meinung nach sind meine Tiere, seit sie ständig frei laufen, etwas träger geworden (wenn man das als ausgeglichen bezeichnen möchte, bitte schön!).

Also; wer mich fragt, braucht sich bei Käfighaltung keine Sorgen zu machen, wenn die Frettchen dort nur in der Zeit drin sind, solange man auf Arbeit ist; und die restliche Zeit, also auch nachts, frei laufen können. Ich persönlich rate Anfängern sogar davon ab, die freie Wohnungshaltung zu wählen. Wer vorher noch nie Frettchen hatte, kann gar keine frettchensichere Wohnung haben, und daher ist meiner Meinung nach die Gefahr viel zu groß, dass etwas passiert, wenn die Besitzer nicht da sind.

Pepper zumindest kam die freie Wohnungshaltung sehr zugute. Dank der Medikamente und der Futterumstellung besserte sich sein Gesundheitszustand, mal abgesehen von den krankheitsbedingten guten und schlechten Phasen. Alle drei Monate musste eine erneute Blutuntersuchung erfolgen, um gegebenenfalls etwas bei der Fütterung oder den Medikamenten zu ändern. Ich war schon immer Tage vor der Blutabnahme total nervös und hatte Panik. Zum einen wusste ich, dass es für Pepper großer Stress ist, und zum anderen fürchtete ich ein schlechtes Ergebnis. Die Blutwerte lagen aber meist im grünen Bereich oder zumindest im Grenzbereich.

Umzug mit Frettchen

Nach sieben Jahren Wohngemeinschaft war es Zeit für eine eigene Wohnung. Nach fast neunmonatiger Suche hatte ich auch endlich eine gefunden, die meinen Vorstellungen entsprach. Damit den Tieren der größte Umzugsstress erspart blieb, nahm meine Mutter sie für eine Woche in Pflege. Nach fünf Tagen fuhr ich kurz vorbei, um einige Möbel abzuholen und nach meinen Lieblingen zu sehen. Pepper war ziemlich eingeschnappt und schaute mich zwei Stunden lang nicht an. Dann war er aber gar nicht mehr zu bremsen und wollte, wie die anderen drei auch, nur noch toben. Besonders Kira wich mir nicht von der Seite und forderte mich ständig zum Spielen auf.

Nachdem man halbwegs in der neuen Wohnung wohnen konnte, holte ich die Frettchen zu mir. Ich hatte in Bezug auf Wohnungseinrichtung in den letzten Jahren ja nun schon so einige Erfahrungen sammeln können. Das kam mir jetzt sehr zugute, und ich konnte von Anfang an dafür sorgen, dass die Wohnung frettchensicher wird. Ich nahm keine Auslegware, sondern es wurde PVC verlegt. Da konnte man prima aufwischen, wenn mal was daneben ging. Die Möbel wurden so ausgewählt und aufgestellt, dass den Tieren nichts passieren konnte. Kabel wurden so verlegt, dass die Frettchen nicht herankamen.

Da die Küche nicht frettchensicher war und die Tiere die Möglichkeit hatten, hinter Herd und Kühlschrank zu gelangen, durften sie dort nicht hinein. Manchmal machte ich eine Ausnahme und nahm sie kurz mit hinein, wenn ich Futter machte. Das Bad war sehr winzig und bestand eigentlich nur aus Badewanne und WC. Hier gab es also keine Probleme.

Vom Wohnzimmer aus gelangte man in das angrenzende Schlafzimmer. Somit war für mich von vornherein klar, dass die Frettchen diese beiden Zimmer nutzen durften, also circa zweiunddreißig Quadratmeter. In meinem alten Zimmer konnte man damals kaum auftreten, weil überall Röhren und Kartons für die Frettchen rumlagen. Das wollte ich in der neuen Wohnung etwas unauffälliger gestalten.

Die unzähligen Röhren wurden an den Wänden platziert oder unter Bett und Anbauwand "versteckt". Jetzt konnte ich auch viel mehr Kuschelplätze für die Monster einrichten. Zum Beispiel kam ein großes Schaffell im Schlafzimmer vors Fenster und ein kleineres im Wohnzimmer unter den Liegesessel. Unter meinem Bett lud ein Kuschelkörbchen zum Schlummern ein, und hier und da legte ich einfach Wolldecken oder ähnliches hin. Nach und nach zählte ich dann irgendwann in den zwei Zimmern zwölf verschiedene Kuschelplätze (inklusive der fünf im Käfig).

Ich hatte mir vor allem Sorgen gemacht, wie Kira und Pepper auf die neue Umgebung reagieren würden. Aber es kommt mal wieder anders, als man denkt – wider Erwarten haben sich Kira und Pepper recht gut damit abgefunden. Julie und Merlin hingegen liefen tagelang aufgeplustert und auf Zehenspitzen durch die Wohnung. Julie war vom vielen Fauchen schon fast heiser. Gott sei Dank hatte keiner der vier mit stressbedingtem Durchfall zu kämpfen, aber Merlin hatte wieder Alpträume. Das kenne ich schon von ihm, da er auf Stress öfters so reagiert. Er zuckt dann im Schlaf mit den Ohren, atmet sehr schnell und fängt schließlich an zu jaulen. Dann nehme ich ihn immer zu mir auf den Schoß und er beruhigt sich wieder.

Nach vier Tagen normalisierte es sich etwas. Die Frettchen fraßen wieder gut und spielten auch schon. Auch jetzt noch schliefen sie jedoch ausschließlich im Käfig, auch wenn sie die Möglichkeit hatten, andere Schlafplätze im Zimmer zu nutzen. Nach und nach durften sie nun die ganze Wohnung erkunden.

Shadow

Am 17. Juni 2004 meldete sich meine Tierarztpraxis bei mir mit den Worten, man hätte da was für mich. Am Vorabend wurde dort ein Welpe abgegeben, der von einer Katze angeschleppt worden war. Als ich mir das kleine Würmchen ansah, war schnell klar, dass es kein Frettchen war. Ich tippte eher auf Nerz. Die kleine Fähe war nur noch ein Häufchen Elend – halb verhungert, schon stark ausgetrocknet und voller Flöhe und Zecken. Sie war so winzig, dass sie auf eine Handfläche passte. Die Augen hatte sie schon geöffnet und auch Zähnchen waren schon da, und sie fraß auch von allein. Das war ein gutes Zeichen. Sie wurde sofort mit einem Mittel gegen Flöhe und Zecken eingesprüht und bekam Flüssigkeit unter die Haut gespritzt. Die ganze Prozedur ließ sie heiser fauchend über sich ergehen. Sie hatte keine Kraft, sich zu wehren. Die Kleine war der Liebling der Tierarzthelfer. Jeder schaute nach dem Würmchen. Dann fragte man mich, ob ich bereit wäre, sie aufzupäppeln. Wenn ich ablehnte, würden sie im Tierpark nachfragen. Kommt gar nicht in die Tüte! Da meine Mittagspause vorbei war, würde ich den Welpen abends nach der Arbeit abholen.

Da ich von meinem Pflegling doch ziemlich überrumpelt wurde, hatte ich keine Zeit, einen Käfig zu besorgen. Mein Tierarzt lieh mir einen Meerschweinchenkäfig. Das war momentan völlig ausreichend für den Winzling.

In der Tierarztpraxis hatte man der kleinen Fähe den Namen Holly gegeben, doch ich taufte sie um auf Shadow. Das passte wie die Faust aufs Auge, denn sie war kohlrabenschwarz und hatte nur am Unterkiefer und am Bauch einen kleinen weißen Fleck. Für Laien sah sie vielleicht aus wie ein Frettchen, doch sie hatte einen viel runderen Kopf und nicht so eine lange Schnauze. Auch das Fell war viel kürzer und extrem dicht.

In den ersten drei Tagen machte Shadow nichts anderes als schlafen und fressen. Sie musste sich erst mal erholen und zu Kräften kommen. Bereits am zweiten Tag hatte sie fünfzig Gramm zugenommen und wog nun 190 Gramm. Da sie schon Zähnchen hatte, den Bauch aber noch nicht vom Boden heben konnte, schätzte ich sie auf fünf bis sechs Wochen.

Nach drei Tagen war Shadow schon wieder gut bei Kräften und fing an, ihren Käfig zu inspizieren und zu spielen. Ich gab ihr ein kleines rosarotes Plüschtier als Kameraden. Sie fauchte mich nun auch nicht mehr an, wenn ich den Käfig sauber machte oder sie hochnahm. Sie interessierte sich jetzt zunehmend für das nasse Element, tauchte gerne in ihrem Wassernapf, und nicht selten war der Käfig unter Wasser gesetzt, wenn ich von der Arbeit kam.

Bereits nach fünf Tagen war sie so groß, dass sie gerade noch auf eine Hand passte. Als Shadow knapp eine Woche bei mir war, wurde sie plötzlich sehr beißwütig. Ich hielt es für unwahrscheinlich, schaute ihr aber trotzdem mal ins Mäulchen – und tatsächlich, die bleibenden Fangzähne waren gerade dabei durchzubrechen. Shadow war im Zahnwechsel. Das heißt, sie war schon etwas älter, als ich angenommen hatte. Frettchenwelpen kommen nämlich etwa mit neun Wochen in den Zahnwechsel, und ich nehme an, das wird beim Mink so ähnlich sein

Sie entwickelte sich prächtig, ihr Fell wurde ganz weich und glänzend. Sie war ungeheuer aktiv. Übte Anschleichen, kämpfte mit meiner Hand und konnte schon recht gut springen. Beim Spielen war Shadow anfangs sehr vorsichtig und blieb mit dem Hinterteil immer in Deckung, oder sie blieb in der Nähe meiner Füße. Wenn sie aber erst mal etwas für ungefährlich befunden hatte, war sie nicht mehr zu bremsen.

Nach Rücksprache mit meinem Tierarzt konnte die Quarantäne nach sechzehn Tagen aufgehoben werden. Ich teilte ihr jetzt einen Bereich des Frettchenkäfigs ab. Eine erste Kontaktaufnahme mit meinen Frettchen wurde von ihr wild kreischend und muckernd abgewehrt

Shadow war jetzt drei Wochen bei mir und langsam wurde es etwas schwierig. Sie verlangte viel Aufmerksamkeit. Wenn sie die bekam, war sie total drollig, sprang mich an und wollte toben und war eigentlich ein Schatz. Aber sobald ich mich anderen Dingen zuwandte, wurde sie zickig, rüttelte am Gitter und gab maunzende Geräusche von sich. Das konnte sie ziemlich lange durchhalten. Mal abgesehen davon, dass es mich Schlaf und Nerven kostete, machte es auch meine Tiere unruhig. Merlin wurde sogar ziemlich aggressiv den anderen gegenüber. Ich beschloss, um des lieben Friedens willen, sie wieder räumlich von meinen Frettchen zu trennen. Es wurde eine Kuschelecke eingerichtet, ein Futterplatz, und ich stellte ihr ein kleines Katzenklo hin.

Die Kleine hatte ganz schön zugelegt und wog jetzt 450 Gramm. Wir fingen jetzt mit dem täglichen Schwimmunterricht in der Badewanne an. Anfangs war sie immer etwas irritiert, aber dann planschte sie vergnügt und tauchte begeistert nach Fisch- oder Fleischstücken, die ich ins Wasser warf. Nach einer Woche war sie schon sehr gewandt im Wasser und konnte schon recht lange tauchen. Es machte viel Spaß, ihr dabei zuzusehen. Ich fing jetzt an, auch ganze Fische zu füttern (wohlgemerkt kleine Fische). Anfangs hatte sie so ihre Schwierigkeiten, aber Übung macht ja bekanntlich den Meister. Sie wurde blitzschnell und hatte keine Probleme, in der engen Badewanne in voller Fahrt zu wenden. Und sie konnte unglaublich lange unter Wasser bleiben, ohne Luft zu holen. Wenn Shadow im Wasser war, sah es immer sehr elegant und graziös aus.

Seit Shadow bei mir war, habe ich viel herumtelefoniert und im Internet nach Informationen gesucht. Wie sich schnell herausstellte, war Shadow kein Nerz, sondern ein Mink (auch "Amerikanischer Nerz" genannt). Somit musste von einer Auswilderung abgesehen werden, weil Minke keine einheimischen Raubtiere sind. Ich konnte zwei Leute ausfindig machen, die selber schon Minke gehalten hatten, und bekam wertvolle Tipps.

Doch die Suche nach einer geeigneten Bleibe für Shadow (idealerweise ein großes Außengehege mit Wasserbecken) erwies sich als recht schwierig. Ich schrieb Zoos und Tierparks an und suchte Hilfe bei Naturschutzverbänden. Und ich muss sagen, ich wurde sehr enttäuscht. Mit Absagen hatte ich gerechnet, aber ich fand es sehr unhöflich und unprofessionell, dass einige Leute überhaupt nicht reagierten (vor allem, wenn es sich dabei um namhafte Naturschutzverbände handelte). Ein privater Tierschutzhof bot seine Hilfe an. Shadow könnte dort unterkommen. Ich fuhr mit einer Freundin hin, um es mir anzusehen. Bereits nach einer Minute war klar, hier würde ich Shadow niemals hingeben! Die Leute waren sehr nett und steckten ihre ganze Kraft und Liebe in den Hof, doch sie waren hoffnungslos überfordert. Sie nahmen Tiere aller Art auf – Meerschweinchen, Hunde, Katzen, Schweine, Ziegen, Enten, Waschbären, Bussarde, Käuzchen, Falken und ein Frettchen. Doch aus Platzmangel waren die Tiere katastrophal untergebracht.

Drei Bussarde dümpelten in einem Meerschweinchenkäfig vor sich hin. Das Frettchen hatte einen Käfig, der knapp zweimal so lang war wie das Tier und nur etwas höher als es. Ziemlich entsetzt traten wir die Heimreise an. Am nächsten Tag bot meine Freundin ihre Hilfe an und wollte wenigstens das Frettchen dort rausholen, doch sie wurde sehr unfreundlich abgewiesen. Während wir noch überlegten, was wir tun sollten, hatte eine Freundin, der wir von den Zuständen dort erzählt hatten, bereits den Tierschutz informiert.

Es gab fast nur noch Absagen und ich hatte die Hoffnung schon fast aufgegeben. Dann zeigte jedoch das Wildgehege Moritzburg (bei Dresden) Interesse. Das bedeutete immerhin mindestens fünf Stunden Autofahrt. Ich bekam das Angebot, dass man einen Tiertransport organisieren könnte. Doch das lehnte ich ab. Zum einen bin ich gegen solche Transporte, und zum anderen wollte ich mich auf jeden Fall persönlich davon überzeugen, dass es Shadow in ihrem neuen Zuhause gut haben würde.

Buchstäblich in letzter Minute fiel einer Freundin ein Naturerlebnispark in der Nähe ein. Es wäre nur eine knappe Autostunde von hier. Sie fragte dort nach und man hatte tatsächlich

Interesse. Am 21. Juli 2004 fuhren wir hin, um uns die Gegebenheiten vor Ort anzusehen. Im Park gab es bereits eine Minkfähe namens Minky. Shadows Gehege sollte gleich neben dem von Minky sein. Es war circa zehn Quadratmeter groß, mit vielen Klettermöglichkeiten und einem Schlafhäuschen. Nur ein Wasserbecken fehlte, aber das würden wir spendieren. Die Tierpflegerin war uns auf Anhieb sympathisch, und sie ging ruhig mit Shadow und Minky um, so dass ich ein gutes Gefühl hatte. Shadows neues Zuhause war gefunden! Da das Gehege noch nicht bezugsfertig war, würde Shadow erst am 26. Juli umziehen. So hatte ich Zeit, mich an den Gedanken zu gewöhnen, dass ich die kleine Nervensäge hergeben musste

Wenn es auch sehr anstrengend war, so war es gleichermaßen interessant, einen Mink im Haus zu haben. Dadurch habe ich gemerkt, wie domestiziert unsere Frettchen doch schon sind. Es gibt natürlich viele Gemeinsamkeiten, aber auch Unterschiede. Der Mink ist dem Frettchen vom Körperbau sehr ähnlich, aber viel schlanker und kurzbeiniger. Auch ist das Fell viel kürzer und dichter und sehr weich.

Shadow war extrem flink und wendig, sehr klettergewandt und sehr schreckhaft. Wenn sie etwas erschreckte, hatte man keine Chance, sie zu halten, sie war weg. Und nur mit viel gutem Zureden konnte man sie hinter diversen Möbeln wieder hervorlocken. Sie spielte furchtbar gerne, aber sie mochte es nicht, wenn sie hochgenommen wurde. Das weckte jedes Mal den Fluchttrieb in ihr. Was natürlich besonders auffiel, war die unglaubliche, fast magische Anziehungskraft, die Wasser auf Shadow hatte. Sie konnte an keiner noch so kleinen Pfütze vorbeigehen. Und im Gegenteil zu Frettchen planschte sie nicht nur kurz darin herum, sondern stürzte sich kopfüber und mit wahrer Wonne in das kühle Nass.

Da ich freundlicherweise einen Schlüssel für das Gehege bekam, konnte ich zu Shadow, wann immer ich wollte. Ich fuhr sie im neuen Zuhause anfangs alle zwei Wochen besuchen, später verlängerte ich die Abstände auf einmal monatlich. Zu Beginn war es unglaublich schwer für uns beide, wenn ich wieder gehen musste. Shadow fing dann wieder an zu maunzen und zu jammern, sobald ich das Gehege verließ. Es kostete mich jedes Mal meine ganze Kraft, mich nicht umzudrehen und zu ihr zurückzulaufen. Ich ging weiter und kämpfte gegen meine Tränen, was mir nicht immer gelang. Es tat mir im Herzen weh, sie so leiden zu sehen.

Doch nach und nach kamen wir beide mit der Situation klar. Shadow weinte nicht mehr, wenn ich ging, und ich hatte auch kein schlechtes Gewissen mehr, wenn ich sie verließ. Sie freute sich nun jedes Mal riesig und begrüßte mich mit lautem Muckern. Meist blieb ich etwa eine Stunde, manchmal auch länger, und dann wurde ordentlich getobt.

Shadow turnt immer furchtbar gern auf mir herum. Am liebsten, wenn sie vorher im Wasser war und danach kurz im Sand gewühlt hat. Ich sehe dann immer fantastisch aus, aber es trocknet ja alles wieder. Im Winter muss ich dieses Spielchen allerdings unterbinden. Da hat sich Shadow aber auch schon was Neues ausgedacht. Sie findet es total klasse, wenn sie unter meine Jacke krabbeln darf (natürlich nur in trockenem Zustand!).

Jedes Mal, wenn ich Shadow sehe, macht mich das unglaublich stolz. Es ist ein tolles Gefühl zu wissen, dass ich ihr das Leben gerettet habe, und ich sehe, wie aus dem kleinen Häufchen Elend ein wunderschönes, lebensfrohes Tier geworden ist.

Am 16. September 2004 erreichte mich abends eine schlimme Nachricht. Shadow war aus ihrem Gehege ausgebrochen! Bisher waren die Suchaktionen erfolglos geblieben. Ich habe mich sofort ins Auto gesetzt und bin zum Park gefahren. Doch es gab keine Spur von ihr. Ich schaute mir das Gehege genauer an. Unter dem Dach hatte Shadow ein morsches Brett gefunden und es so lange bearbeitet, bis sie ein Loch hineingenagt hatte. Sie musste es mit den Zähnen gemacht haben, denn bei meinem letzten Besuch war mir aufgefallen, dass Shadow sich im Unterkiefer einen Zahn fast ausgeschlagen hatte und er nun quer stand. Jetzt kannten wir also die Ursache dafür. Trotzdem war es mehr als ungewöhnlich, dass sie sich ausgerechnet die höchste Stelle des Geheges (mehr als zwei Meter!) für ihre Flucht ausgesucht hatte. Wahrscheinlich hatte sie ganz systematisch nach Schwachstellen gesucht.

Tag zwei: Den ganzen Tag verbrachte ich mit der Suche nach Shadow. Mindestens ein Dutzend Mal lief ich die Gegend um ihr Gehege ab, ging den Bach entlang und suchte am Teich, doch nicht die kleinste Spur von ihr. Mal rief ich nach ihr, dann setzte ich mich irgendwo still hin und wartete, ob ich sie entdecken würde. Die Gegend wäre perfekt für einen Mink. Im Teich gab es Fische, und im Schilf oder am Bach entlang gab es viele Versteckmöglichkeiten. Fische fangen konnte sie. Ich machte mir auch keine allzu großen Sorgen, dass sie nicht genug zu fressen finden würde. Das würde sie mit der Zeit lernen beziehungsweise verbessern.

Meine Angst war, dass sie schon zu sehr an Menschen gewöhnt war. Immerhin hatte sie seit gut drei Monaten täglich Kontakt mit Leuten. Wenn sie im Naturpark blieb, war sie relativ sicher. Doch wenn sie dem Bach folgte, würde sie den Park verlassen. Was, wenn sie dann aus Neugier einem Wanderer oder Angler zu nahe kam? Außerdem sind Minke für Jäger zum Abschuss freigegeben. Um halb sechs abends gab ich völlig durchgefroren und hungrig die Suche auf.

Über Nacht hatte ich einen offenen Kennel neben das Gehege gestellt. Er war benutzt worden! Doch es hätte auch eine streunende Katze gewesen sein können. Bevor ich nach Hause ging stellte ich den Kennel wieder auf, diesmal in der Schleuse des Geheges. Ich legte ein weißes Laken hinein, auf dem man Pfotenabdrücke gut erkennen würde, und stellte etwas Futter hin. Unterhalb der Schleusentür zogen wir einen lockeren Stein heraus. Für Shadow wäre das Loch groß genug, aber Katzen oder Igel passten nicht hindurch. So konnten wir ziemlich sicher sein, dass nur Shadow an den Kennel herankommen würde.

Tag drei: Ich kam gleich, als der Park um acht Uhr öffnete. Mein erster Weg führte mich natürlich zur Schleuse. Das Futter war weg und es waren Tapsen auf dem Laken zu erkennen. Ich sah mich genauer um und entdeckte zahlreiche Spuren um das Gehege herum. Shadow hatte eine etwa dreißig Meter lange, teilweise sehr gut sichtbare Fährte hinterlassen. Sie kam also nachts zum Gehege zurück. Demzufolge verbrachte sie den Tag in irgendeinem Versteck und es hatte wenig Sinn, nach ihr zu rufen und zu suchen. Ich änderte die Taktik. Im Tierheim lieh ich mir eine Lebendfalle. Da ich keine Lust auf großartige Erklärungen hatte, gab ich dort an, ich müsste ein entlaufenes Frettchen einfangen. Die Falle wurde mit Futter bestückt und abends in der Schleuse aufgestellt. Nun hieß es Daumen drücken.

Tag vier: Neuer Tag, neues Glück. Wieder war ich der erste Besucher im Park und lief nervös zum Gehege. Schon von weitem konnte ich sehen, dass die Falle geschlossen war. Aber noch konnte ich nicht erkennen, ob auch etwas in der Falle drin war. Dann entdeckte ich ein schwarzes Fellknäuel. Shadow! Madame war ziemlich schlecht gelaunt, aber in Ordnung. Die erste halbe Stunde war sie etwas durcheinander, schreckhaft und fauchte viel. Doch mit etwas Rinderhack ließ sie sich aus der Reserve locken. Und ein voller Bauch hob ihre Stimmung. Nun war sie wieder ganz die Alte und zutraulich wie eh und je. Die nächsten drei Stunden blieb ich bei ihr und es wurde ordentlich geknuddelt und getobt.

So war Shadows kurzer Ausflug am 19. September auch schon wieder beendet. Die Stelle im Gehege, die Shadow zur Flucht genutzt hatte, wurde umgehend ausgebessert. Shadow konnte nun nicht mehr ausbüchsen.

Auch jetzt noch habe ich die Patenschaft für "meinen" kleinen Mink und auch heute noch fahre ich sie jeden Monat besuchen. Im Winter ist es nicht immer angenehm bei klirrender Kälte für eine Stunde im Gehege zu sitzen, aber was nimmt man nicht alles in Kauf für die kleinen Monster. Shadow erkennt mich immer noch, und wenn ich sie rufe, kommt sie laut muckernd ans Gitter gerannt und kann es kaum erwarten, dass ich aufschließe.

Ein verlorener Kampf

Ende Oktober 2004 war es wieder mal Zeit für Peppers routinemäßigen Herzcheck. Da diese Prozedur ja doch ziemlich langwierig und anstrengend ist, wartete ich immer eine von Peppers guten Phasen ab. Letzte Woche ging es Pepper so gut wie schon lange nicht mehr: Er hüpfte durch die Wohnung wie ein kerngesundes lebenslustiges Frettchen und tobte oft mit Merlin. Diese Woche war er wieder etwas ruhiger. Ich war nicht beunruhigt, wunderte mich nur, dass die gute Phase diesmal so sehr kurz war.

Pepper war immer sehr brav, und obwohl wir so oft zum Tierarzt mussten und dort ständig an ihm rumhantiert wurde, nahm er fast alles gelassen hin. Der Doc war zufrieden mit seinem kleinen Patienten. Das Herz war zwar etwas größer geworden, aber der Herzschlag war kräftig und regelmäßig.

Wo wir schon einmal da waren, ließ ich Pepper auch gleich wieder Blut abnehmen, damit die Nierenwerte überprüft werden konnten. Das ließ sich Pepper nicht so gerne gefallen und er wehrte sich so gut es ging. Zu Hause war er dann total erledigt, wollte nicht mal mehr fressen. Er taumelte hinten auch ziemlich stark. Das hatte er schon einmal gehabt, als er sich beim Blutabnehmen sehr stark gewehrt hatte. Damals hatte er sich das Pfötchen etwas verrenkt. Diesmal würde es nicht anders sein. Ich bekam Pepper an diesem Abend nicht mehr zu Gesicht.

Gegen drei Uhr früh wachte ich auf. Ich weiß nicht wieso, es war nichts Ungewöhnliches zu hören. Ein seltsames Gefühl beschlich mich und ich stand auf. Dann fand ich Pepper. Er wollte mir entgegenlaufen, doch er konnte die Hinterbeine nicht mehr bewegen und schleifte sie hinterher. Ich nahm ihn auf den Arm, er war sehr kalt. Ich nahm ihn mit ins Bett und wärmte ihn. Er kuschelte sich an mich, sah müde aus. Ich streichelte ihn immerzu und redete mit ihm. Er roch ganz eigenartig, völlig anders als sonst.

Ich konnte dieses schreckliche Gefühl nicht abschütteln. Es konnte, es durfte noch nicht vorbei sein! Letzte Woche ging es Pepper doch noch so gut. Er war noch so jung, er war immer so tapfer gewesen, hatte die vielen Medikamente immer brav genommen und das olle Diätfutter gefressen.

Gegen sechs Uhr hatte Pepper auch die Vorderbeinchen nicht mehr unter Kontrolle. Er wurde unruhig, doch sobald ich ihn hinstellte, fiel er um. Ich setzte ihn ins Klo und stützte ihn. Es war für ihn ungeheuer anstrengend, sein Geschäft zu verrichten. Danach gab ich ihm etwas Wasser. Dann wollte er zu mir auf den Arm und ich nahm ihn wieder mit ins Bett. Dann war es vorbei mit meiner Beherrschung. Ich bekam einen Weinkrampf. Nur mühsam bekam ich mich wieder unter Kontrolle. Ich musste jetzt stark sein, für Pepper. Ich wollte nicht, dass meine Angst und Panik auf ihn übersprangen. Die nächsten Stunden fing ich immer wieder an zu weinen, rang um Fassung und sprach mir selber Mut zu. Pepper schlief währenddessen.

Um halb acht rief ich in meiner Tierarztpraxis an. Sprechstunde war erst ab zehn, doch so lange konnte ich nicht warten. Kurz nach acht war ich dort. Pepper nahm kaum von etwas Notiz, wirkte abwesend. Er war ausgetrocknet, hatte Untertemperatur und Atemprobleme. Er bekam Flüssigkeit unter die Haut gespritzt und Vitamine. Die Tierärztin meinte, ich solle mich auf das Schlimmste vorbereiten.

Für die nächsten dreieinhalb Stunden gab ich ihn in die Obhut der Tierärzte. Ich musste arbeiten, wenigstens die drei Stunden Sprechzeit abdecken, denn meine Kollegin hatte Urlaub. Ich ließ ihn nur ungern in ungewohnter Umgebung in diesem Zustand zurück, doch ich wollte, dass jemand bei ihm ist und nach ihm sehen konnte. Quälend langsam verging die Zeit. Ich machte mir große Sorgen, konnte kaum einen klaren Gedanken fassen. Jedes Mal wenn das Telefon klingelte, zuckte ich zusammen, hatte Angst, dass mein Tierarzt dran sein könnte. Das Schlimmste für mich wäre, wenn Pepper alleine sterben würde. Ich wollte bis zu Letzt bei ihm sein, auch wenn es noch so schwer für mich sein würde.

Punkt zwölf war ich von Arbeit verschwunden und fuhr zum Tierarzt. Peppers Zustand hatte sich glücklicherweise nicht verschlechtert, aber auch nur minimal gebessert. Zwischenzeitlich war seine Körpertemperatur nochmals gefallen, von fünfunddreißig auf dreiunddreißig Grad. Mit Wärmekissen und Rotlicht konnte seine Temperatur aber etwas hochgebracht werden. Ich durfte ihn mit nach Hause nehmen. Das Wichtigste war jetzt, dass er genug Flüssigkeit zu sich nahm.

Zu Hause machte ich ihm eine ruhige Ecke zurecht, wo die anderen ihn nicht stören konnten, und stellte eine Rotlichtlampe auf. Doch Pepper wollte immer nur zu mir auf den Arm. Er wollte ganz nah bei mir sein. Ich nahm ihn wieder mit unter die Bettdecke, damit er nicht weiter auskühlte. Alle fünfundsiebzig Minuten stellte ich mir den Wecker, damit ich Pepper aufs Klo setzen und ihm Wasser und Futter anbieten konnte. Immer noch war es ein immenser Kraftakt auf dem Klo für ihn. Fressen wollte er nicht, weder die Aufbaunahrung, die mir der Tierarzt mitgegeben hatte, noch Babybrei oder Vitaminpaste. Aber er trank gierig und viel. Gleich danach wollte er jedes Mal wieder auf meinen Schoß, kuschelte sich an mich und schlief seufzend ein.

Wieder stellte ich den Wecker. Ich war hundemüde, doch schlafen konnte ich nicht. Meine Gedanken kreisten nur um meinen schwerkranken Liebling. Ich drückte ihn an mich, redete beruhigend auf ihn ein, war hin und her gerissen zwischen der Hoffnung, dass er es noch einmal schaffen würde, und meiner Angst, ob ich ihn nicht unnötig quälen würde. Oft fing ich an zu weinen, weil ich eigentlich schon wusste, welche schwere Aufgabe ich hatte. Ich hatte mich davor gefürchtet, seit die Diagnose Niereninsuffizienz gestellt worden war.

Von Stunde zu Stunde wollte Pepper weniger freiwillig trinken. Unaufhaltsam ging es auf neunzehn Uhr zu. Dann würde die Tierarztpraxis schließen. Was, wenn sich Peppers Zustand über Nacht rapide verschlechtern würde? Er hatte schon so viel durchmachen müssen, unnötige Schmerzen sollte er nicht leiden. In meiner Verzweiflung holte ich eine zweite Meinung ein von einer Tierärztin aus Hannover, die selber schon ein nierenkrankes Frettchen hatte und die mir schon vor längerer Zeit gesagt hatte, wie es aussehen würde, wenn es zu Ende geht. Sie bestätigte meine Befürchtungen, erklärte mir, dass selbst wenn Pepper sich wieder etwas aufrappeln würde, wir nur Stunden oder Tage gewonnen hätten, bevor er wieder zusammenbräche.

Etwa vierzig Minuten brauchte ich, um mich auf diesen letzten schweren Weg vorzubereiten. Ich sah Pepper an, er blickte irgendwie durch mich hindurch. Als ich ihn in den Kennel legte, bekam er es gar nicht mit. Kurz nach neunzehn Uhr waren wir beim Tierarzt. Die Untersuchung ließ sich Pepper nur widerwillig gefallen und flüchtete auf meinen Arm. Wieder stellte mein Arzt fest, dass sein Herz stark und gleichmäßig schlug. Er erklärte mir die weitere Vorgehensweise. Pepper würde nun eine sehr hoch dosierte Narkose bekommen. Ich setzte mich und Pepper kuschelte sich an mich, merkte nicht, wie der Arzt die Spritze setzte. Dann ließ der Doc uns allein.

Ich streichelte Pepper und sagte ihm, wie stolz ich auf ihn sei und dass es ihm gleich besser gehen würde. Er wehrte sich gegen das Einschlafen, sah mich mit halb geschlossenen Augen an. Ich küsste ihn aufs Köpfchen und streichelte ihn. Er wurde etwas ruhiger. Sicherheitshalber bekam er eine zweite Narkose, obwohl die erste bereits für ein vier Kilo schweres Tier ausgelegt war. Dann schlief Pepper ein. Ich hielt ihn noch eine Weile in meinen Armen. Nun folgte eine Spritze mit einem herzlähmenden Mittel, das direkt ins Herz gespritzt wird. Mein Tierarzt fragte mich, ob ich gehen wolle, doch ich sagte ihm, ich würde bis zum Schluss bei Pepper bleiben.

Als die Spritze gesetzt wurde, musste ich weinen, doch ich schämte mich nicht dafür, dass ich um ein geliebtes Wesen trauerte. Der Doc musste danach mehrfach Peppers Brustkorb abhören, denn sein kleines starkes Herzchen wollte nicht so einfach aufhören zu schlagen. Doch irgendwann hatte es keine Kraft mehr. In einem letzten Reflex plusterte Pepper sein Schwänzchen auf, dann war er für immer eingeschlafen.

Weinend fuhr ich nach Hause. Ich legte Pepper mit ein paar Kuscheltüchern in ein Körbchen und legte sein Lieblingsplüschtier
zu ihm. Er sah so friedlich aus, als würde er nur ein kurzes Ni-
ckerchen halten. Ich ließ Kira, Julie und Merlin an Pepper schnuppern. Ich weiß nicht, ob sie die Situation verstanden haben, doch
ich hoffe, sie haben so von ihm Abschied nehmen können.
Pepper wurde im Garten meiner Eltern unter einem Flieder-
bäumchen beerdigt. Sein geliebter kleiner Plüschhund ist bei
ihm.

Pepper
20.05.2001 – 29.10.2004

Pepper war ein unglaublich lebensfrohes und tapferes Frettchen.
Er war mein kleiner süßer Sonnenschein. Er hatte eine besonders enge Bindung zu mir. Ich hatte ihn von klein auf bei mir,
habe ihn heranwachsen sehen und bin mit ihm durch gute und
schlechte Zeiten gegangen. Er hat mich so oft mit seinen Späßen
zum Lachen gebracht. Durch seine Krankheit hatte ich meinen
Tagesablauf komplett auf ihn eingestellt, hatte Freunde und Ver-
pflichtungen hintangestellt. Es ist so schwer zu beschreiben, wie
viel er mir bedeutet hat und wie sehr er mir fehlt und die Ku-
schelstunden mit ihm auf dem Sofa und unsere Spaziergänge.
Pepper hat wie ein Löwe gekämpft und doch verloren.
Seltsamerweise hat Merlin am stärksten getrauert. Er und
Pepper waren eigentlich oft am Zanken und so dachte ich, Merlin würde am leichtesten damit fertig werden. Ich hatte jedoch
auch bemerkt, dass Merlin und Pepper die letzten zwei Wochen
vor Peppers Tod fast unzertrennlich waren. Mein weißer Riese
leidet jedenfalls sehr unter dem Verlust. Oft liegt er einfach nur
da, starrt vor sich hin und seufzt tief. Wenn ich mich dann mit
ihm beschäftigen will, geht er einfach weg. Sein Kumpel fehlt
ihm. Vielleicht braucht er einfach nur noch etwas Zeit.
Kira und Julie haben Peppers Tod besser verkraftet. Nach
einigen Tagen haben sie aufgehört, nach ihm zu suchen, und
sind zum normalen Tagesablauf übergegangen.

Auch ich bin wieder in den Alltag zurückgekehrt, doch ich denke sehr oft an meinen kleinen Schatz. Wie er seine täglichen Streicheleinheiten einforderte. Wie er sich riesig über einen Spaziergang freute und wie ein Verrückter durchs Gras hüpfte. Wie er im Winter den Schnee mit der Nase umgepflügt hat und seinen Spaß hatte, wenn ich ihn mit dem weißen Zeug bewarf.

Doch ich denke auch oft an seine letzten Minuten. Wie Pepper gegen die Narkose ankämpft und mich mit halbgeschlossenen Augen ansieht und ich diesen Blick nicht deuten kann. Dieser Moment hat sich tief in mein Gedächtnis gebrannt und bringt mich noch immer zum Weinen. Ich weiß, dass es richtig war, ihn zu erlösen, und ich bereue es nicht, aber es ändert nichts an dem brennenden Schmerz und der Leere in meinem Herzen.

Ganz allmählich kam wieder Routine in den Tagesablauf und Mensch und Tier kamen langsam über den Verlust von Pepper hinweg. Die Frettchen fraßen wieder normal, spielten auch wieder und kamen zum Knuddeln. Nun sind sie also nur noch zu dritt, meine kleinen Monster.

Kira ist mit den Jahren etwas ruhiger geworden. Trotzdem kann sie noch mit den zwei Jungspunden beim Toben mithalten, wenn auch nicht mehr so lange. Doch das Alter macht sich auch gesundheitlich bemerkbar. Bei nasskaltem Wetter hat sie mit Knochenschmerzen zu kämpfen, und die Zähne muss ich auch im Auge behalten, da sich ein Zahn öfter mal entzündet.

Merlin ist nach Peppers Tod "gezwungenermaßen" mein neues Kuschelfrettchen geworden. Inzwischen lässt er sich auch freiwillig knuddeln. Er wartet ab und zu noch in der zweiten Etage des Käfigs auf sein Futter, auch wenn unten schon lange nicht mehr das Diätfutter steht.

Julie ist wie eh und je die Unauffälligste in der Gruppe und der Liebling aller Besucher. Vielleicht, weil sie nicht so aufdringlich ist wie die anderen.

Die Hängematten bleiben jetzt meist leer, dort waren Peppers Lieblingsplätze.

Merle & Drops

Am 22. November 2004 erhielt ich einen Anruf von einem jungen Mann, der "für seinen Freund" anrief. Sein Freund hatte drei Frettchen abzugeben. Alle drei waren weder kastriert noch geimpft und ich erhielt außerdem die Auskunft, eines der Tiere sei sogar handzahm, aber die zwei anderen dafür sehr bissig und man könne sie nur mit Handschuhen anfassen. Na prima, was will man mehr? Sofort hielt ich Kriegsrat mit einer Freundin und zwei Tage später fuhren wir hin, um uns ein eigenes Bild zu machen.

Die Tiere hatten einen riesigen mehretagigen Käfig zur Verfügung. Die drei sahen sehr gut aus und müffelten auch nicht extrem, obwohl, wie gesagt, alle nicht kastriert waren. Und was kommt raus, wenn man nicht kastrierte Frettchen unterschiedlichen Geschlechts zusammen hält? Richtig – Welpen. Und so wurden bei den jungen Leuten aus zwei Frettchen plötzlich vier. Angeblich waren es nur zwei Welpen. Einen haben sie verkauft (natürlich in Einzelhaltung) und den anderen haben sie behalten.

Als Erstes sahen wir uns Chester, den anderthalbjährigen Iltisrüden an. Er war das zahme Frettchen. Der kleine Kerl war ein ganz Lieber und freute sich wie bekloppt über die Aufmerksamkeit. Er wollte den Freilauf natürlich sofort nutzen und nicht untätig auf dem Arm sitzen. Sofort suchte er jemanden zum Spielen. Seine Wahl fiel auf die beiden Katzen, die aber sofort fauchend die Flucht ergriffen und sich auf die oberste Etage des Kratzbaumes retteten.

Inzwischen war Merle, die circa zweieinhalb Jahre alte Albinofähe, wach geworden und schaute uns neugierig an. Ich wollte sie mir gerne näher anschauen und so holte der junge Mann sie aus dem Käfig. Er zog sich dicke Lederhandschuhe an und versuchte einige Minuten lang vergeblich sie zu greifen. Dann hatte er sie endlich. Als ich sie nehmen wollte, bot er mir einen der Handschuhe an, doch ich lehnte ab. Merle verhielt sich recht brav auf dem Arm, doch mir wurde immer wieder versichert, dass sie sehr bissig sei. Ich hielt ihr vorsichtig meine Faust vor die Nase. Sie versuchte zwar zu beißen, aber doch recht halbherzig. Also stufte ich sie als "therapierbar" ein. Dann wollte ich auch Merle im Zimmer laufen lassen, was jedoch entsetzt abgeblockt wurde. Die junge Frau, die auf der Couch saß, zog sofort die Beine hoch und ihr Freund nahm mir das Tier ab und setzte es zurück in den Käfig. Nach dieser Reaktion konnten wir nicht so ganz glauben, dass "alle Tiere" täglich Freilauf hatten.

Nun kamen wir zu Casanova, dem schwierigsten Fall. Der etwa halbjährige Iltisrüde war seinem Vater Chester wie aus dem Gesicht geschnitten, nur größer. Und er hatte einen weißen Kehlfleck. Meine Freundin war von der ersten Sekunde an in ihn verliebt. Nachdem ihr von den Besitzern aber alle möglichen Horrorgeschichten erzählt worden waren, zog sie doch vorsichtshalber die Handschuhe an. Das war auch gut so, denn Casanova biss fröhlich drauf los. Sie nahm es gelassen. Und wir waren zuversichtlich, einem so jungen Frettchen diese Flausen austreiben zu können. Zum einen hatte er wohl Langeweile, und zum anderen war er sowieso gerade im Flegelalter.

Wir beendeten unseren Besuch und ich versprach, mich in den nächsten Tagen zu melden. Die beiden jungen Leute hofften auf schnelle Hilfe, da sie ein zweijähriges Kind hatten und natürlich Angst, Merle oder Casanova könnten da mal zuschnappen.

Am 28. November holte ich die drei dann zu mir. In der neuen Umgebung waren sie keineswegs schüchtern und gingen sofort auf Erkundungstour. Ich ließ sie erst mal ein paar Minuten in Ruhe und hockte mich dazu. Nachdem alles eingehend untersucht worden war, kamen die drei auf mich zu. Bei Casanova war ich sehr vorsichtig und ließ ihn erst mal auf Abstand. Merle kletterte indes auf meinen Schoß und beschnüffelte mich. Ich streichelte sie, während ich versuchte, Casanova im Blick zu behalten.

Ich weiß nicht, was in sie gefahren war, aber plötzlich biss sie mir in den Finger und ließ nicht wieder los. Es gab ein nettes Geräusch als Frettchenzähne auf Fingerknochen trafen. Merle schob ihre Zähne leicht hin und her, rutschte vom Knochen ab – und nun hatte ich ein Piercing gratis. Noch immer ließ sie nicht los. So saß ich also da, in der linken Hand Merle, die sich in einen Finger meiner rechten Hand verbissen hatte. Während ich krampfhaft versuchte, den Schmerz zu ignorieren und einen klaren Gedanken zu fassen, spürte ich einen weiteren stechenden Schmerz im rechten Oberschenkel. Casanova hatte sich dort festgebissen.

Ich gab keinen Mucks von mir. Hätte ich den Mund aufgemacht, hätte ich das ganze Haus zusammengebrüllt. Ich stand auf, in der Hoffnung, Casanova würde dann loslassen, aber denkste. Erst als ich mein Bein etwas schüttelte, fiel der kleine Beißer runter. Ich schob ihn beiseite und er trollte sich. Blieb noch Merle. Ich versuchte alle Tricks – auf die Nase stupsen, anpusten, den Hintern in kaltes Wasser tauchen. Nichts half. Ich weiß nicht mehr wie, aber irgendwie habe ich es dann geschafft, ihr die Kiefer auseinander zu biegen und mich zu befreien.

Ich war fürs Erste bedient und telefonierte mit meiner Freundin. Sie bot an, Casanova aufzunehmen, was ich dankbar annahm. So zog das kleine Monster bei ihren drei Rüden mit ein und wurde erst mal umgetauft auf den Namen Eddie.

Auch Chester bekam einen anderen Namen von mir, denn dieser Name rief immer noch schmerzliche Erinnerungen in mir wach. Also taufte ich den kleinen Mann auf Drops. Er war ein absoluter Schatz, mit dem man alles machen konnte. Er war sehr menschenbezogen und schlief beim Schmusen regelmäßig auf meinem Arm ein.

Merle und ich kamen dagegen auch nach längerer Zeit nicht miteinander klar. Sobald ich ins Zimmer kam, rannte sie auf mich zu und versuchte, mir ins Gesicht oder in die Hände zu beißen. Täglich übte ich mit ihr, indem ich ihr Paste gab und sie dabei streichelte und lobte. Immer wenn ich Hoffnung hatte und sie ohne Paste anfassen wollte, wurde ich sofort eines Besseren belehrt. Wenn Merle mich richtig zu fassen bekam, trug ich tiefe Bisswunden davon. Während Drops sich recht schnell an die neue Situation gewöhnt hatte, braucht Merle länger. Drops spielte schon nach zwei Tagen und forderte auch seine geliebte Merle dazu auf, doch die vermöbelte ihn nach Strich und Faden. Erst ein paar Tage später ging sie auf seine Bemühungen ein und spielte zögerlich mit. Drops war im Siebten Himmel, es war unübersehbar, wie sehr er an Merle hing. Wäre Drops ein Einzeltier gewesen, hätte ich mit Sicherheit versucht, ihn in meine Gruppe zu integrieren. Er war einfach zu liebenswert. Aber unter diesen Umständen konnte und wollte ihn keiner von seiner Merle trennen. Und da Merle einen Menschen braucht, der ihr Paroli bieten kann, konnte ich die beiden nicht behalten. Da ich über Weihnachten wegfahren wollte, zogen Merle und Drops am 17. Dezember 2004 in eine andere Pflegestelle.

Merle und Eddie sind ein gutes Beispiel dafür, wie wichtig es ist, Tieren (egal welcher Art) eine artgerechte Haltung zu bieten. Nur mit Füttern und Saubermachen ist es nicht getan, man muss sich täglich mit den Tieren beschäftigen. Solch bewegungsfreudige Tiere wie Frettchen nur im Käfig, egal wie groß, zu halten, kann bei den Tieren zu Bissigkeit führen.

Begegnung der tierischen Art

Natürlich verbrachte ich Weihnachten 2004 wieder bei meinen Eltern. Mein Bruder und seine Freundin kamen auch und brachten ihre Katze Tequila mit, weil der Tiersitter kurzfristig abgesagt hatte. Alle waren wir neugierig, wie sich Katze und Frettchen begegnen würden. Da Julie eine liebe und gutmütige kleine Maus ist, durfte sie als Erste auf Tequila treffen. Sobald ich sie runterließ, lief sie mit aufgeplustertem Fell und wild muckernd durchs Zimmer. Tequila war auf einen Stuhl gesprungen und sah ihr interessiert zu. Bald war sie mutig genug und kletterte wieder herunter. Beide Tiere gingen vorsichtig und ganz langsam aufeinander zu und waren sich irgendwann so nah, dass sich ihre Nasen berührten. Julie erschreckte sich und lief unter den Schrank. Das weckte natürlich sofort Tequilas Jagdtrieb und sie kauerte sich mit zuckendem Schwanz vor den Schrank.

Julie lugte dort vorsichtig hervor und beäugte den Stubentiger, der von dem Spiel ganz begeistert war. Fertig zum Sprung wartete die Katze darauf, dass das Frettchen sein Versteck verlassen würde. Irgendwann kam Julie dann auch heraus. Im letzten Moment bevor sie lossprang, stellte Tequila jedoch entsetzt fest, dass die Beute doch recht groß geraten war und zu allem Überfluss auch noch direkt auf sie zukam. Da war es doch besser, den Rückzug anzutreten. Das fand Julie nun wieder ganz toll und lief muckernd hinter der Katze her, die wieder auf den Stuhl sprang.

Das ganze Prozedere wiederholte sich nun noch einige Male. Es wurde sich mit den Nasen angestupst, worauf dann eines der Tiere den Rückzug antrat und das andere die Verfolgung aufnahm, bis sie irgendwann die Rollen tauschten. Und wir Menschen sahen dem Ganzen mit einem breiten Grinsen zu.

Nun war Kira an der Reihe. Auch sie plusterte sich sofort auf, sagte jedoch keinen Ton und ignorierte den Eindringling demonstrativ.

Blieb noch Merlin. Leider hatte er sich von Pepper die Unart abgeschaut, auf alles loszugehen, was mehr als zwei Beine hat und nicht zu seiner Gruppe gehört. Ich war also recht nervös. Tequila war etwas gelangweilt, noch so ein merkwürdiges Tier wurde ihr vor die Nase gesetzt. Merlin hingegen war ziemlich irritiert. Es war eindeutig ein Fremder in seinem Revier, aber der roch gar nicht nach Frettchen und sah auch gar nicht so aus. Trotzdem wurde jedes verfügbare Haar hochgestellt, ein Buckel gemacht, und Merlin stellte sich auch noch auf die Zehenspitzen, um sich größer zu machen. In dieser Aufmachung stakste er Tequila hinterher. Nach etwa zehn Minuten hatte Merlin den Feind genug studiert. Als die Katze ihm den Rücken zudrehte, ging er zum Angriff über und stürzte sich auf sie. Tequila hatte aber eine bemerkenswert gute Reaktionszeit und brachte sich auf dem Tisch in Sicherheit, und ich schnappte mir sofort mein durchgeknalltes weißes Fellknäuel. Mieze hatte nur ein Haarbüschel eingebüßt.

Weitere Treffen zwischen Frettchen und Katze fanden nicht statt.

Schneiden, wiegen, impfen – Frettchenhygiene

In diversen Frettchenbüchern gibt es sehr schöne Anleitungen, wie das Ohrenputzen und Krallenschneiden am besten geht. Dumm nur, dass es dort immer zwei Personen machen. Ich bin aber nun mal Single. Somit habe ich nur zwei Hände zur Verfügung. Doch nach und nach fand ich so einige Kniffe und Tricks und schaffte es auch allein.

Bei meinen Frettchen werden die Ohren nur geputzt, wenn sie dreckig sind. Je nach Tier ist es mehr oder weniger schweißtreibend und zeitintensiv. Ich lege mir Wattestäbchen und Küchentücher zurecht. Manchmal benutze ich auch einen speziellen Ohrreiniger. Dann mache ich mich startklar und setze mich auf die Couch oder auf den Boden.

Das erstbeste Frettchen, das mir nun über den Weg läuft, ist dran. Ich nehme das Tier mit der linken Hand in die Trageschlaffe und setzte es auf meinen Schoß. Mit der rechten Hand streiche ich nun das Fell am Ohr beiseite und mache das Ohr vorsichtig sauber. Dann folgt das andere Ohr auf die gleiche Weise. Einige Frettchen lassen sich diese Prozedur problemlos gefallen, andere mögen es überhaupt nicht.

Merlin zum Beispiel hat die größten Ohren, macht aber auch immer einen riesen Terz. Er versucht es immer mit der Masche, dass er seine Ohren zusammenklappt. Hört sich verrückt an und ist auch schwer zu beschreiben, aber es ist wirklich so. Er legt die Ohren ganz eng an den Kopf an und legt sie in Falten. Kira versucht es auf andere Art und Weise. Sie kratzt wie eine Furie und spielt Brummkreisel. Obwohl ich sie krampfhaft in der Nackenstarre halte, ist von Starre nichts zu merken. Kira wirbelt mit dem Hintern immer im Kreis und steigert sich so in einen ordentlichen Wutanfall. Sie hasst Ohren putzen wie die Pest.

Krallen schneiden ist dagegen fast ein Kinderspiel. Dazu setze ich mich mit angewinkelten Beinen auf den Boden. Das

Frettchen lege ich mir nun rücklings auf den Bauch. Damit die kleinen Wirbelwinde entgegen ihrer Natur mal kurz stillhalten, bekommen sie eine Tube Paste zwischen die Vorderpfoten und während sie so vor sich hin schlecken, kann ich problemlos die Krallen schneiden.

Eine Sache, die meine Frettchen ausnahmslos lieben, ist das wöchentliche Wiegen. Für neue Frettchen ist es etwas gewöhnungsbedürftig, aber nach anfänglicher Skepsis haben sie alle das Prozedere mit einer schönen Portion Paste in Verbindung gebracht und können es kaum erwarten, bis sie an der Reihe sind.

Ich benutze ein Waage, die man aufhängen kann. Sie ist für maximal fünf Kilo ausgelegt und hat eine 20-Gramm-Unterteilung, so dass man recht genau das Gewicht ermitteln kann. Ich hänge die Waage immer an die Türklinke. An den Haken kommt die ausgediente Kapuze von einer Baseballjacke. Zu diesem Zeitpunkt habe ich schon Probleme, mich der Frettchenmeute zu erwehren, denn jeder will als Erster in die Kapuze krabbeln und seine Ration Paste abholen. Aber es geht immer schön der Reihe nach.

Die Frettchen werden mit dem Hintern zuerst in die Kapuze gesetzt, dann gibt es Paste, damit sie still halten. Dann lese ich das Gewicht ab, während ich in der einen Hand die Paste halte und mit der anderen Hand die übrigen Frettchen davon abhalte, an der Kapuze hochzuhüpfen und so das Ergebnis zu verfälschen. Das ermittelte Gewicht wird in eine Tabelle eingetragen. So kann ich schnell feststellen, ob eines der Tiere in ungewöhnlich kurzer Zeit zu viel Gewicht verliert oder ob die sommer- und winterbedingte Gewichtsab- und -zunahme normal verläuft.

Im Mai 2005 stand eine Impfung auf dem Plan. Julie und Merlin waren dran. Ehrlich gesagt, habe ich diesen Termin so lange wie möglich hinausgeschoben. Der Grund dafür ist ganz einfach – Julie verträgt die Impfung sehr schlecht. Merlin und auch alle anderen meiner Frettchen haben keinerlei Probleme, aber bei Julie sieht es anders aus. Schon bei ihrer letzten Impfung gab es leichte Komplikationen. Julie wirkte nach der Spritze für etwa zwanzig Minuten leicht abwesend und benommen. Sie zog sich zurück und wollte ihre Ruhe haben. Doch nach zwanzig Minuten war sie wieder ganz die Alte und es ging ihr wieder gut. Durch diese Vorgeschichte war ich recht nervös, als es zum Tierarzt ging. Natürlich besprach ich vorher mit dem Doc, ob Julie noch mal geimpft werden sollte oder ob ich es wegen ihrer Reaktion lieber lassen sollte. Nun, wir entschlossen uns dazu, Julie erneut zu impfen und aus Sicherheitsgründen etwa eine halbe Stunde nach der Spritze in der Praxis zu warten, ob eventuell wieder eine allergische Reaktion auftritt. In diesem Fall könnte dann sofort gehandelt werden.

Doch es verlief alles ohne Probleme. Julie war munter und aktiv und so ging es nach dreißig Minuten Wartezeit nach Hause. Julie hat sich daheim gleich schlafen gelegt, aber sonst war alles in Ordnung. Etwa neunzig Minuten später sah ich Julie etwas trinken. Auf dem Rückweg zu ihrem Schlafplatz brach sie plötzlich mitten im Zimmer zusammen. Ich lief sofort zu ihr und nahm sie hoch. Sie war völlig abwesend und hing kraftlos und mit halb geschlossenen Augen in meinen Händen. Als sie ein paar Augenblicke später nicht wieder zu sich gekommen war, raste ich zum Tierarzt. Ihr Puls war extrem niedrig. Sie bekam ein Antiallergikum und etwas, um den Kreislauf wieder auf Touren zu bringen. Nach einer halben Stunde war der Puls wieder fast normal und es ging Julie etwas besser. Es wurde ein Vermerk in ihrer Akte gemacht, dass sie diesen Impfstoff nicht mehr bekommen dürfe. Der Tierarzt meinte, beim nächsten Mal würde es nicht so glimpflich verlaufen. Ich würde mich entscheiden müssen, ob Julie überhaupt noch mal geimpft werden sollte (mit einem anderen Impfstoff) oder lieber nicht. Momentan tendierte ich natürlich zu Letzterem.

Kleine Frettchen, kleine Sorgen – große Frettchen, große Sorgen

2005 merkte man Kira ihr Alter von sieben Jahren endgültig an. Sie schlief sehr viel und spielte selten. Anfang April gab es die erste Warnung, dass etwas nicht stimmte. Sie taumelte einen Tag lang sehr stark und kippte mit den Hinterbeinen weg. Der Tierarzt konnte aber nichts feststellen. Da Kira recht wetterfühlig war, konnte auch der plötzliche Wetterumschwung die Ursache sein. Sie erholte sich zum Glück recht schnell wieder. Vorsichtshalber wurde aber die Entwässerung runter gefahren und sie bekam Elektrolyte.

Ende April kam dann das dicke Ende. Gott sei Dank war ich gerade zu Hause, als es passierte. Kira hatte morgens ganz normal getobt. Dann bekam sie einen heftigen Hustenanfall und fiel dabei plötzlich auf die Seite und wirkte abwesend. Ich nahm sie hoch und sie kam wieder zu sich, hustete aber weiter stark.

Ich fuhr sofort mit ihr zum Tierarzt. Während ich im Warteraum noch etwas warten musste und auch später bei der Behandlung, sackte Kira mehrfach weg. Ihr Herzschlag lag nur noch bei einhundertzwanzig. Die Lunge war aber frei, es lag also nicht an einer zu geringen Dosierung des Entwässerungsmittels. Sie bekam ein Antibiotikum gespritzt und etwas, um den Kreislauf wieder in Schwung zu bringen. Nach zwanzig Minuten fing das Kreislaufmittel an zu wirken und ihr Herzschlag ging wieder etwas hoch. Sie sackte aber trotzdem noch ab und an zusammen. Ich durfte sie mit nach Hause nehmen. Dort hat sie die ersten dreißig Minuten nur mit halbgeschlossenen Augen dagelegen, gesabbert und stark gezittert. Eine Woche lang musste ich alle zwei Tage mit ihr zum Tierarzt und sie bekam Antibiotika gespritzt. Kira brauchte sehr lange, um sich wieder ganz zu erholen. Erst Ende Mai ging es ihr wieder gut.

Im April 2005 hatte sich eine junge Frau bei mir gemeldet. Sie hatte in einem Zoogeschäft einen Welpen gesehen und aus Mitleid mitgenommen. Da sie vor einigen Jahren schon einmal Frettchen hatte, wusste sie natürlich, dass Frettchen Gruppentiere sind, und suchte nun einen Spielgefährten für ihre Fähe Feli.

Ein paar Tage später besuchte ich sie. Feli war eine ganz süße und absolut liebe karamellfarbene Iltisfähe. Sie war acht bis zehn Wochen alt. Leider hatten wir momentan keine passenden Einzeltiere in der Abgabe und die Warteliste war auch schon ziemlich lang. Natürlich blieb Felis Frauchen auch nicht untätig und suchte selber nach einem zweiten Frettchen. Leider ergab sich lange Zeit nichts.

Dann erhielt ich über fünf Ecken die Nummer eines "Züchters" aus der näheren Umgebung. Schon das erste Telefonat ließ eigentlich nichts Gutes ahnen. Der Mann wollte nichts wissen, fragte nicht danach, wo das Tier hinkommen würde, wie es untergebracht wird oder ob der neue Besitzer schon Erfahrung mit Frettchen hat. Er fragte nur, wann wir kommen würden. Wir machten einen Termin für den nächsten Tag.

Die Frettchen waren im Garten untergebracht. Ehrlich gesagt, wollte ich am liebsten sofort auf dem Absatz kehrtmachen. Am Gartentor empfing uns ein wütend kläffender Schäferhund, der aber in seinem Zwinger war. Gleich neben dem Tor stand eine dreckige Voliere, in der eine ziemlich gerupfte Krähe saß und eine Elster, die etwas besser aussah. Dahinter kam ein riesiger Taubenschlag, in dem reges Treiben herrschte.

Gegenüber war der Frettchenkäfig. Ich hatte große Mühe, mein Entsetzen zu verbergen und bin ganz sicher etwas blass geworden. Der Käfig war vielleicht zwei Meter lang und stand auf circa siebzig Zentimeter hohen Stelzen. Der Käfig selber bestand aus mehreren zusammengefügten rostigen Nerzkäfigen. Die Frettchen mussten also auf Draht laufen, hatten keine geschützte Ecke, standen in der prallen Sonne. Jede Ecke des Käfigs war, gelinde ausgedrückt, zugeschissen. Es wurde scheinbar tagelang nicht sauber gemacht, denn der Kot war zu einer festen getrockneten "Matte" geworden. Wasser hatten die Tiere nicht, in einer Ecke war nur eine angetrocknete Hühnerkeule aufgehängt. Im Käfig befanden sich vier Frettchen: zwei Iltis-fähen, eine Zimtfähe und ein Albinorüde. Die Tiere sahen für diese Zustände recht gut aus und waren neugierig und agil. Auch jetzt stellte der Mann uns keine Fragen. Er hatte ein paar Kumpel auf ein Bier zu Besuch und wollte uns schnell loswerden. Er holte die Welpen, die in einem winzigen, circa vierzig mal vierzig Zentimeter großen Drahtkäfig saßen. Ein angetrockneter Hühnerhals lag darin. In einer Ecke befand sich Kot, der nicht sehr frisch aussah. Ich versuchte, nicht daran zu denken, wie lange die Winzlinge schon in diesem Ding und von ihrer Mutter getrennt waren. Die sechs Welpen saßen zusammengekauert und regungslos in einer Ecke. Sie waren unglaublich klein und dünn. Entweder waren sie unterernährt oder wesentlich jünger als die angegebenen acht Wochen. Das Fell sah bei allen sehr struppig aus.

Schon auf den ersten Blick sah ich, dass es vier Iltisse und zwei Badger waren. Der Mann schien sich diesbezüglich überhaupt nicht auszukennen. Er meinte, bei den Badgern könnte es sich um Harlekine handeln.

Ich hielt mich von Anfang an ziemlich zurück und blieb im Hintergrund. Wenn ich etwas sagte, drückte ich mich vorsichtig aus und versuchte, neutral zu klingen. Es wäre sehr unklug gewesen, den Mann zu verärgern, indem wir ihn auf die miserablen Haltungsbedingungen und seine Unkenntnis hinwiesen.

Meine Freundin hielt immer noch krampfhaft den Kennel mit Feli fest. Um nichts auf der Welt hätte sie ihn in diesem Dreck abgestellt. Nach einigem Zögern steckte ich einen Finger durch das dreckige verrostete Gitter des Käfigs. Der Albinorüde kam sofort herbei, presste sich gegen das Gitter und ließ sich schubbern. Ich kann schwer beschreiben, wie mir zumute war. Mir war übel, mein Magen krampfte sich zusammen und ich kämpfte gegen die Tränen. Am liebsten hätte ich ihn mir sofort geschnappt und dort rausgeholt.

Wir waren vielleicht seit zehn oder fünfzehn Minuten dort und langsam wurde der Mann ungeduldig und fragte, welchen Welpen wir denn nun nehmen wollten. Meine Freundin sah mich hilflos fragend an. Sie suchte ein Zweittier und so war es auch ihre Entscheidung, doch ich schüttelte vorsichtig den Kopf. Wir gingen ohne einen Welpen.

Auf halbem Weg nach Hause machten wir Halt und überlegten und diskutierten über eine Stunde lang. Es musste etwas geschehen, doch was sollten wir tun? Wenn wir einen Welpen nehmen würden, würde das diese Tierquälerei unterstützen. Wenn wir nicht eingriffen, wer weiß in welche Hände die Welpen gelangen würden. Wenn wir einen Welpen freikauften, dann welchen? Wer sollte die schwere Wahl treffen, welches Baby eine glückliche Zukunft haben sollte? Wer könnte es übers Herz bringen, die anderen fünf dort zurückzulassen? Würde es uns eventuell gelingen, alle Welpen freizukaufen? Was wäre mit den Alttieren? Auch sie durften nicht vergessen werden. Wenn sie dort bleiben würden, könnte er fleißig weiterzüchten und nichts würde sich ändern.

Wir hatten nicht viel Zeit für einen Schlachtplan, denn der Mann hatte uns erzählt, dass bereits am nächsten Tag weitere Interessenten vorbeikommen wollten. Spät am Abend war die Entscheidung gefallen. Wir würden versuchen, alle Tiere dort rauszuholen. Zu später Stunde rief meine Freundin noch beim Züchter an und machte einen neuen Termin für den nächsten Tag.

Diesmal war der Mann gesprächiger und hatte auch mehr Zeit für uns – seine Kumpel waren ja auch nicht da. Er war bereit, uns den ganzen Wurf zu überlassen. Die Alttiere wollte er aber nicht hergeben. Auch mehrfaches Nachfragen änderte nichts daran. Wir nahmen also die Welpen, die er schon wieder wer weiß wie lange in eine Extrakiste gesperrt hatte und gingen.

Die letzte Möglichkeit, die Alttiere dort rauszuholen, war eine Anzeige beim Amtstierarzt. Bei einer späteren Nachfrage stellte sich allerdings heraus, dass der Mann seine Frettchen hatte behalten dürfen. Nicht einmal Auflagen wurden erteilt.

Nun sahen wir uns die Welpen erst einmal genauer an. Alle waren kaum aktiv und hatten struppiges, drahtiges Fell. Es waren zwei Rüden und vier Fähen. Ein Rüde und eine Fähe hatten ein weißes Schnäuzchen und weiße Vorderpfoten oder zumindest weiße Zehen. Beide hatten einen deutlich sichtbaren weißen Längsstreifen auf dem Kopf, waren also eindeutig Badgerfrettchen und damit mit hoher Wahrscheinlichkeit taub. Die anderen vier Welpen waren Iltisfrettchen und mausgrau. Fast alle hatten einen mehr oder weniger stark ausgeprägten weißen Brustfleck und weiße Blinker (weiße Grannenhaare an den Innenseiten der Hinterläufe).

Meine Freundin nahm die ganze Bande vorläufig bei sich auf. Am nächsten Tag musste sie mit den beiden Badgern auch schon zum Tierarzt. Der Rüde hatte sich ein Vorderpfötchen verrenkt und die Fähe hatte starke Bronchitis und musste Antibiotika bekommen. Wir trafen uns zufällig beim Tierarzt, denn mir machte Kira zur Zeit große Sorgen.

Mitte Juli hatte ein Magen-Darm-Virus alle meine drei Frettchen befallen. Merlin und Julie hatten es nach drei Tagen ohne Probleme überstanden. Babybrei und ein Pulver zum Aufbau der Darmflora hatten mir in solchen Fällen schon oft geholfen.

Bei Kira allerdings war der Durchfall nach drei Tagen noch immer nicht weg. Im Gegenteil, es wurde immer schlimmer. Teilweise musste sie sich auch übergeben. Sie trank nichts mehr, fraß aber noch etwas. Sie wirkte abwesend und taumelte oft. Mittags fuhr ich mit ihr zum Tierarzt. Dieser stellte fest, dass sie schon stark ausgetrocknet war. Also bekam sie Flüssigkeit unter die Haut gespritzt und noch ein homöopathisches Mittel, um den Magen-Darm-Trakt zu beruhigen. Wenn es ihr abends nicht besser ginge, sollten wir wiederkommen.

Es ging ihr nicht besser, sie hatte nach wie vor Durchfall und erbrach sich. Also noch mal zum Arzt. Jetzt bekam sie noch ein Mittel gegen die Übelkeit. Und sie musste unbedingt Flüssigkeit zu sich nehmen. Also stellte ich mir über Nacht alle zwei Stunden den Wecker und versuchte, ihr mindestens einen Milliliter Flüssigkeit mit einer Spritze ins Mäulchen zu geben. Es war jedes Mal ein Kampf. Obwohl Kira total erschöpft war, konnte sie noch enorme Kräfte entwickeln und wehrte sich und kratzte wie wild.

Morgens war ich wie gerädert. Kiras Brechreiz war weg, doch der Durchfall war nun wie Wasser. Sie konnte keine Flüssigkeit bei sich behalten, es rauschte sofort durch und kam hinten wieder raus. Ich fuhr an diesem Tag später zur Arbeit, kam in der Mittagspause nach Hause, um ihr noch mal Flüssigkeit zu geben, und machte so früh wie möglich Feierabend. Dann ging es auch gleich wieder zum Tierarzt. Wieder bekam sie Spritzen und Flüssigkeit.

Auch diese Nacht stand ich alle zwei Stunden auf, um ihr etwas Flüssigkeit zu geben und ihr Babybrei anzubieten. Kira war schon sehr schwach und kippte oft um. Beim Fressen und Auf-Klo-Gehen musste ich sie stützen.

Den nächsten Tag nahm ich frei und verbrachte wieder viel Zeit beim Tierarzt. Es gab wieder Spritzen und Flüssigkeit und zur Sicherheit wurde eine Kotuntersuchung gemacht, die aber ohne Befund war. Ich konnte nicht viel mehr für meine kleine Prinzessin tun als bisher schon. Sie wurde warm gehalten und alle zwei Stunden bekam sie wie immer Flüssigkeit und Futter angeboten. Die dritte Nacht in Folge klingelte der Wecker mehrmals in der Nacht. Die nervenaufreibenden letzten Tage und Nächte sah man mir nun deutlich an. Ich war leicht reizbar, völlig fertig und hundemüde. Doch es hatte sich gelohnt. Am nächsten Morgen war der Durchfall wesentlich besser geworden. Kira fraß schon wieder etwas besser, trank aber noch nicht freiwillig, daher bekam sie beim Tierarzt nochmals Flüssigkeit gespritzt.

Ende Juli war der Durchfall zwar ganz weg, doch dafür fiel Kira nun wieder öfter um und bekam zu allem Überfluss dann auch noch epileptische Anfälle. Diese Anfälle begannen meist damit, dass sie mit dem Kopf nach vorne zuckte. Dann fing sie an zu wanken und kippte auf die Seite. In besonders schweren Fällen begann sie dann richtig zu krampfen. Dadurch wurde sie wieder schwächer. Wieder gab es Medikamente.

Da es Kira nun seit zwei Wochen schlecht bis sehr schlecht ging und vor allem wegen der jetzt auftretenden Anfälle, meinte mein Tierarzt, wenn es ihr nicht in zwei Tagen besser ginge, sollte darüber nachgedacht werden, Kira zu erlösen. Ich hatte mich schon seit Tagen mit diesem Thema auseinander gesetzt. Und mein Verstand sagte mir auch, dass es besser für sie wäre, wenn ich sie schlafen lassen würde. Doch mein Herz sagte etwas anderes. Mein Herz sagte, dass Kira noch nicht aufgeben wollte. Ich kannte sie gut genug, um das zu erkennen. Und es gab wirklich einen leichten Hoffnungsschimmer. Die Anfälle waren weniger geworden. Kira schwankte zwar noch, fiel aber nicht mehr um. Die Spritze hatte sehr schnell geholfen, aber leider ließ die Wirkung schon am zweiten Tag nach. Also bekam sie noch mal eine Spritze mit einer anderen Zusammensetzung des Medikamentes.

Und wieder ging es ihr ein Stück besser. Nach zwei Tagen gab es eine weitere Spritze. Die Abstände zwischen den Spritzen sollten nun aber verlängert werden. Auf Grund des Krankheitsbildes und wegen Kiras Alter schloss man auf Nierenversagen. Daran hatte ich auch schon gedacht, obwohl Kira nicht, wie Pepper damals, so eigenartig roch.

Vier Tage später, wir hatten bereits August, war ich wieder beim Tierarzt. Die Wirkung der Spritzen hielt leider immer nur einen Tag an. In den letzten Wochen hatte sich Kiras Zustand zwar gebessert, aber sie war noch immer ein "Pflegefall", da sie ständig stark zitterte und schlecht fraß. Sie hatte enorm abgenommen. Die Tierärztin erklärte mir, dass ständiges Spritzen nicht möglich sei und auch immer Stress für das Tier bedeute. Man sollte abwägen, ob es noch vertretbar war, Kira das zuzumuten. Diesmal nahm ich diese Bemerkung nicht so gefasst auf wie noch vor ein paar Tagen und verließ weinend die Praxis.

Wieder kämpfte ich einen schweren Kampf mit mir selber. Wieder sagte mein Herz etwas anderes als mein Verstand. Doch wie zurechnungsfähig war mein Herz noch nach über zwei Wochen langem Stress und pausenlosem Kampf um Kira? Vielleicht wollte es die Wahrheit einfach nicht sehen?

Ein paar Tage später hatte ich entschieden, Kira das nicht mehr anzutun, egal was mein Herz sagte. Bevor ich dem Doc meine Entscheidung mitteilen konnte, hielt er mir einen

Strohhalm hin, den ich sofort ergriff. Er war noch mal die Krankenakte durchgegangen. Da es Kira nach den Spritzen immer kurzzeitig besser ging und in den Spritzen auch Glukose drin war, bestand der Verdacht auf ein Insulinom. Er gab mir vierzigprozentige Traubenzuckerlösung mit. Diese sollte Kira bekommen, sobald sie einen Anfall hatte, und zwar so lange, bis sie wieder gerade laufen konnte. Traubenzucker geht sofort ins Blut und wirkt somit auch sofort. Wegen der weiteren medikamentösen Behandlung musste sich der Doc erst noch schlau machen.

Es schien sich bei Kira wirklich um ein Insulinom zu handeln. Jedenfalls half die Glukoselösung sehr gut. Immer wenn sie auch nur anfing zu wanken, zog ich eine Ein-Milliliter-Spritze mit der Lösung auf und träufelte sie ihr ins Mäulchen. Dann ließ ich sie runter, um zu sehen, ob sie laufen konnte. Wenn sie weiterhin umfiel oder noch taumelte, gab es noch eine Spritze. Das wiederholte ich so lange, bis es Kira wieder besser ging. Meist reichten dafür zwei bis drei Spritzen aus.

Diese positive Entwicklung bestärkte mich darin, dass mein Herz mir doch die richtige Richtung gewiesen hatte, indem es sich weigerte, Kira aufzugeben.

Während der Tierarzt nach einem geeigneten Medikament suchte, tat ich selbstredend das Gleiche. Ich durchforstete wieder das Internet und suchte nach Informationen und Frettchenhaltern, die Erfahrungen mit insulinomkranken Tieren hatte. Ich muss sagen, es war noch schwieriger an Infos und Erfahrungsberichte heranzukommen als damals, als ich mich wegen Niereninsuffizienz schlau gemacht hatte. Jedenfalls hatte mein Tierarzt ein Medikament gefunden und Kira sollte davon täglich ¼-Kapsel bekommen.

Da Kira ihre Herzmedikamente abends bekam, gab es das Insulinommedikament morgens. Ich beobachtete über eine halbe Stunde lang, ob sie es vertrug, und fuhr dann beruhigt zur Arbeit. Als ich abends wieder nach Hause kam, ging es Kira gar nicht gut. Sie war sehr kalt und zitterte stark, ist aber durch die Wohnung gelaufen und hat auch nicht getaumelt. Es gab an diesem Tag abends Frischfleisch. Ich fütterte Fleisch nun wieder öfters, weil Kira sehr proteinreich ernährt werden musste. Pflanzliche Kost wurde auf ein Minimum reduziert, was sie mir sehr übel nahm, denn sie liebt Gurken über alles.

Kurz nach dem Fressen hatte Kira einen sehr starken Anfall, so schlimm war es noch nie. Sie taumelte stark, die Pfoten rutschten ihr zur Seite weg, dann kippte sie um. Das Mäulchen war leicht geöffnet und sie zuckte am ganzen Körper. Sofort zog ich eine Spritze mit Glukoselösung auf. Es dauerte etwa fünf bis zehn Minuten, bis es ihr wieder besser ging. Ich hatte ihr in dieser Zeit sechs Milliliter Traubenzucker eingeflößt.

Ich teilte das natürlich sofort meinem Tierarzt mit. Er meinte, es könne sich um eine Wechselwirkung mit einem der Herzmedikamente handeln. Also ließ ich eines der Herzmedis weg. Da dieses Medikament aber noch einige Tage nachwirkte, sollte ich das Medikament für das Insulinom erst in vier Tagen wieder geben.

Also folgte einige Tage später wieder ein Versuch. Diesmal war ich vorsichtiger und gab die Medikamente erst nach der Arbeit, so dass ich im Notfall sofort eingreifen konnte. Und das war auch gut so, denn Kira bekam wieder einen Anfall, wenn auch nicht so stark wie beim letzten Mal. Sie kippte um, hatte aber keine Krämpfe und nach zwei Millilitern Glukoselösung war es wieder gut.

Es folgte wieder eine Rücksprache mit meinem Tierarzt. Ich sollte nun die Dosierung herabsetzen auf 1/8-Kapsel täglich. Das lag dann zwar etwas unter der Mindestdosis, die Kira hätte bekommen müssen, aber vielleicht vertrug sie es dann besser. So war es dann auch, ab sofort gab es keine Anfälle oder sonstige Zwischenfälle mehr. Das einzige "Problem", vor dem ich stand, war, eine winzige Medikamentenkapsel in acht Teile aufzuteilen. Dafür öffnete ich die Kapsel und schüttete das Pulver auf ein Blatt Papier. Dann nahm ich ein Messer und schob das Pulver so lange hin und her, bis ich acht gleich große Häufchen hatte.

Im Gegensatz zu Kira erholten sich die sechs Welpen schnell und entwickelten sich sehr gut. Als wir sie abholten, wog der schwerste Welpe gerade mal 270 Gramm. Schon nach ein paar Tagen hatten alle zwischen siebzig und einhundert Gramm zugenommen.

Nach etwa zehn Tagen wurden sie auch endlich etwas agiler und hatten außer Schlafen und Fressen auch Spielen im Kopf. Schnell bestätigte sich der Verdacht, dass die beiden Badger taub waren. Die beiden ließen sich von lauten oder unbekannten Geräuschen überhaupt nicht beeindrucken. Während die Geschwister erschreckt das Weite suchten, spielten die beiden seelenruhig weiter.

Nun konnte man auch schon die unterschiedlichen Charaktere feststellen. Der Badgerrüde zum Beispiel war immer der Letzte, egal ob es ums Fressen oder Spielen ging. Die größte Fähe war ziemlich grob und schnappte mal ganz gerne. Die Kleinste war die ersten Tage ein Angstbeißer, entwickelte sich dann aber zu einem wahren Schatz und war die hibbeligste von allen und ständig auf Klettertour. Auch die anderen drei waren absolute Wonneproppen.

Jetzt, wo sie so aktiv waren, brauchten die Welpen viel Platz und Beschäftigung. Es war goldig mit anzusehen, wie sie zusammen balgten und Fangen spielten und die Wohnung auf den Kopf stellten.

Da meine Freundin nicht alle sechs behalten konnte, war es an der Zeit, ein Zuhause für die Welpen zu suchen. Der Badgerrüde sollte Felis Spielkamerad werden und bei meiner Freundin bleiben. Auch ich stellte mir die Frage, ob ich Welpen aufnehmen würde. Die Entscheidung war nicht einfach. Sicher hatte ich vor, meine Gruppe wieder zu vergrößern. Aber konnte ich Kira das noch zumuten – in ihrem Alter und dazu noch, wo sie gesundheitlich nicht ganz fit war? Andererseits würde die Eingliederung von Welpen für Kira weniger Stress bedeuten, als wenn ich es mit erwachsenen Frettchen probieren würde. Aber gerade Welpen konnten Merlin nichts entgegensetzen. Und Merlin war das größte Problem bei der ganzen Sache, denn er war bisher fremden Frettchen gegenüber äußerst rabiat gewesen. Andererseits war gerade

Merlin zurzeit nicht ausgelastet und brauchte dringend einen Raufkumpan.

Ich kam zu dem Entschluss, dass ich es versuchen würde. Ich würde es sehr langsam angehen und nichts erzwingen. Damit war auch klar, dass ich zwei Welpen nehmen "musste". Da ich anfangs die Tiere räumlich trennen musste, sollte der Welpe natürlich nicht alleine sein. Da ich unbedingt wieder einen zweiten Rüden wollte, nahm ich den Iltisrüden. Bei den Fähen konnte ich mich nicht zwischen der Badgerfähe und der kleinsten Iltisfähe entscheiden. Eine Bekannte nahm die übrigen drei Welpen, also ließ ich ihr die Entscheidung, welche der Fähen sie nehmen wollte. Da sie sich ein taubes Frettchen nicht zutraute, kam die Badgerfähe zu mir.

Aus drei mach fünf

Am 29. Juli 2005 zogen also zwei Welpen bei mir ein. Den Iltisrüden hatte ich auf Smart getauft und die Badgerfähe auf den Namen Sugar. Wie schon erwähnt, wurden die Zwerge zu Anfang separat untergebracht. Trotzdem blieb es Kira, Julie und Merlin natürlich nicht verborgen, dass Fremde in ihrem Revier waren. Sie konnten den Feind zwar nicht sehen, aber riechen. So standen die drei dann auch immer, wenn sich die Gelegenheit bot, neugierig schnüffelnd vor der Tür der Lütten. Beide Seiten waren dann sehr aufgeregt. Die Nasen wurden in jede noch so kleine Ritze gesteckt und Witterung aufgenommen. Dann fing auf beiden Seiten das Muckern an. Smart und Sugar auf der einen und Kira und Julie auf der anderen Seite beließen es beim Schnuppern und Muckern. Merlin hingegen stand meistens wie ein wütender Stier vor der Tür, machte einen Buckel und scharrte mit den Pfoten. Manchmal versuchte er auch, die Tür aufzuhebeln, indem er sich auf den Rücken legte und mit den Vorderpfoten versuchte, die Tür hochzustemmen. Oder er legte sich einfach davor und totterte vor sich hin. Jedenfalls machte er von Anfang an deutlich, dass er auf Kampf eingestellt war.

Vorerst ließ ich beide Gruppen noch getrennt. Die Welpen sollten erst mal die Möglichkeit haben, sich an die neue Umgebung zu gewöhnen. Smart war von Anfang an ein kleiner Sonnenschein, absolut lieb und nur am Dummheitenmachen. Aber Sugar tat sich ziemlich schwer und blieb sehr zurückhaltend und traute auch mir nicht so recht über den Weg. Auch nach ein paar Tagen kam sie erst nach langem Locken heraus und war immer noch sehr schreckhaft. Irgend etwas schien sie zu irritieren oder einzuschüchtern.

Ich weiß bis heute nicht, ob es an mir lag oder vielleicht am Geruch meiner anderen Frettchen oder was auch immer.

Jedenfalls wurden wir zwei nicht so recht warm miteinander. Fressen tat sie zum Glück gut und sie hatte auch keinen Durchfall. Eigentlich nichts was auf Stress hindeutete. Ich machte mir einige Sorgen, denn ich dachte schon weiter. So ein schüchternes Frettchen war für Merlin ein gefundenes Fressen, und sie würde ihn dann noch nicht einmal hören, wenn er zum Beispiel böse muckernd von hinten auf sie zu kam.

Eine Woche später fuhr ich übers Wochenende weg. Meine Mutter nahm Kira, Julie und Merlin für diese Zeit. Zwei Gruppen konnte sie aber nicht nehmen. Daher brachte ich Smart und Sugar zu meiner Bekannten, die die anderen drei Welpen aus dem Wurf genommen hatte.

Als ich zwei Tage später meine Krümel wieder abholen wollte, fragte meine Bekannte mich ganz vorsichtig, ob wir nicht tauschen könnten. Ich wusste erst nicht, was sie meinte. Dann erzählte sie mir, dass sie sich total in Sugar verliebt hatte. Die Kleine war total putzig, sagte sie. Kam immer sofort auf sie zu und tobte ausgelassen mit Frettchen und Menschen. Meinte sie tatsächlich Sugar – die kleine schüchterne und vorsichtige Fähe? Ich konnte ihr nicht so recht glauben. Doch als ich ins Frettchenzimmer kam, balgte Sugar gerade ausgelassen mit ihren Schwestern und kam dann fröhlich auf mich zugesprungen. Sie war wie ausgewechselt! So hatte sie sich bei mir nie benommen. Es war eine Freude, ihr zuzusehen.

Und so entschied ich mich mit einem lachenden und einem weinenden Auge dafür, Sugar dort zu lassen, wo sie sich augenscheinlich wohl fühlte. An ihrer Stelle nahm ich die kleinste Iltisfähe mit. Da sie so ein Winzling war, bekam sie den Namen Tiny. Doch was ihr an Größe fehlte, machte sie durch Power und Charakter wett. Sie hatte überhaupt keine Eingewöhnungsprobleme und fühlte sich sofort wohl bei mir. Sie hatte auch keine Probleme, mit Smarts groben Spielen mitzuhalten und ihm etwas entgegenzusetzen. Sie war ein kleiner muckernder Wirbelwind und zuckersüß.

Mitte August unternahm ich den ersten vorsichtigen Versuch der Zusammenführung. Natürlich wählte ich dafür Julie aus, bei der ich mir die wenigsten Probleme machte. Angespannt und nervös beobachtete ich das Zusammentreffen. Es entwickelte sich jedoch völlig anders, als ich erwartet hatte. Ich hatte bei Julie auf anfängliche Zurückhaltung gehofft, doch sie ging gleich von Beginn an auf die Welpen los. Sie suchte sich dafür, taktisch nicht unklug, fast immer die kleinere Tiny aus. Ab und zu knöpfte sie sich auch Smart vor, doch dieser war in etwa gleich groß wie Julie und daher ein gleichwertiger Gegner in puncto Kraft. Die Welpen dachten sich natürlich nichts Böses und gingen fröhlich und neugierig auf Julie zu. Doch sie ging sofort muckernd auf die Lütten los und verbiss sich bei ihnen im Nacken. Dann schleifte sie sie durchs Zimmer oder schüttelte sie wie wild.

Die Welpen zeigten keinerlei Gegenwehr, schrien natürlich voller Panik und machten Angsthäufchen. Wenn ich Julie kurz auf den Arm nahm, um die Situation zu entschärfen, war sie kaum zu beruhigen, und sobald ich sie wieder runtersetzte, ging sie sofort auf die Suche und schnappte sich einen der Welpen. Drei Tage lang immer das gleiche Spiel. Es gab keine Besserung, nicht mal ein Fünkchen Hoffnung. Im Gegenteil, Smart und Tiny hatten schnell gelernt, dass Julie ihnen weh tat, und flüchteten, wenn sie sie nur von weitem sahen.

Ich war sehr enttäuscht. So eine heftige Reaktion hatte ich eigentlich von Merlin erwartet. Wenn Julie schon so aggressiv auf die Welpen losging, wollte ich mir Merlins Verhalten gar nicht ausmalen.

Dann kam es zu einer kurzen Zwangspause. Meine Bekannte, die drei der Welpen genommen hatte, meinte, die Lütten würden ungewöhnlich viel fressen. Ich hatte eigentlich nicht den Eindruck. Welpen im Wachstum verschlingen nun mal einiges an Futter. Trotzdem ließ ich zur Sicherheit eine Kotuntersuchung machen. Das Ergebnis war starker Spulwurmbefall. Super. Und da die Welpen nun schon Kontakt mit Julie hatten, mussten auch die drei Großen entwurmt werden. Die nächsten Tage war ich fast nur mit Putzen und Wäschewaschen beschäftigt, um diese ekligen Würmer loszuwerden. Eine zweite Kotprobe war dann ohne Befund. Die Sache war also überstanden. Nun konnte ich mich wieder der Zusammenführung widmen. Julies Verhalten hatte sich kein bisschen verändert. Sie ging immer noch sofort wütend auf die Welpen los. Wieder gab es Gekeife und Angsthäufchen. In seiner Verzweiflung stellte sich Smart Julie einmal entgegen. Er griff sie nicht an, sondern stimmte nur ein ohrenbetäubendes Gekreische an. Julie war verdutzt und hielt inne. Smart machte, weiter wild schreiend, einen Schritt auf sie zu und Julie war auf und davon. Damit hatte sie wohl nicht gerechnet, schließlich hatten sich die Welpen bisher nicht ein Mal gewehrt.

Smart begriff sehr schnell, dass er Julie so abwehren konnte. Er setzte ihr nie körperlich zu, sondern immer nur verbal. Bald gefiel ihm dieses Spielchen so gut, dass er gar nicht wartete, bis Julie auf ihn losging. Selbst wenn sie den Rückzug antrat, hatte er noch nicht genug und jagte Julie wild kreischend quer durchs Zimmer. Tiny lernte schnell von ihrem Bruder und machte fleißig mit. Ich muss sagen, dass mir Julie schon etwas Leid tat, aber so lange nicht die Fetzen flogen, ging ich nicht dazwischen. Einige Tage später hatte sich die Lage beruhigt und beide Seiten hatten einen Waffenstillstand geschlossen, der nur noch ab und zu im Streit um die besten Kuschelplätze gebrochen wurde.

Als nächstes stellte ich Kira die zwei Neuzugänge vor. Mit ihr gab es keine Probleme. Sie hatte etwas Panik, doch wenn sie in Ruhe gelassen wurde, war es okay. Durch den unfreundlichen Empfang von Julie waren Smart und Tiny sowieso noch sehr vorsichtig und gingen Kira meist aus dem Weg. Und obwohl die Welpen mit ihrem ungestümen Verhalten doch etwas Unruhe ins Haus brachten, kam Kira recht gut damit klar.

Nun galt es noch, Merlin von den Welpen zu überzeugen. Das würde sicherlich nicht einfach werden. Weil ich wieder mit Angsthäufchen rechnete, verlagerte ich das Ganze nach draußen. Da Merlin natürlich einiges an Kraft mitbringt, wollte ich ihm nicht sofort Tiny vorsetzen, die immerhin ein Kilogramm weniger auf die Waage brachte als er. Also musste ich mit Smart beginnen.

Um es vorwegzunehmen, es wurde ein absolutes Desaster! Merlin ging schnurstracks auf Smart zu, war böse am Muckern und verbiss sich sofort in Smarts Nacken und riss und zerrte wie ein Verrückter. Smart schrie um sein Leben, machte ein Angsthäufchen und ließ eine Stinkbombe los. Ich hatte Mühe, ihn von Merlin zu befreien, musste diesem die Kiefer auseinander biegen. Smart war total aufgekratzt und zitterte wie Espenlaub. Er hatte tiefe Kratzer davongetragen und blutete sogar etwas. Ich versuchte es noch einige Male, doch es verlief jedes Mal genauso furchtbar. Smart versuchte es mit der gleichen Taktik wie bei Julie, doch Merlin war von seinen Kreischattacken kein bisschen beeindruckt. Mit seinen drei Monaten war Smart aber noch zu jung, um sich wirklich zu wehren. Nach drei Tagen brach ich die Sache fürs Erste ab.

Ich hatte also immer noch zwei Gruppen. Kira und Julie liefen abwechselnd mit Merlin oder mit Smart und Tiny.

Bei Julie zeichnete sich eine erstaunliche Verhaltensänderung ab. Sie stand in meiner Gruppe bisher von Anfang an an letzter Stelle. Kira war immer die Ranghöchste. Doch seit circa einem Dreivierteljahr, mit zunehmendem Alter von Kira und seit Julie merkte, dass es ihr gesundheitlich nicht so gut ging, versuchte sie Kira die Position des Alphatieres streitig zu machen. Immer öfter wurde aus Spiel Ernst und eine harmlose Kabbelei endete in einer ernsthaften Verfolgungsjagd. Julie hetzte Kira quer durch die Wohnung und attackierte sie. Immer öfter musste ich dazwischen gehen und Kira retten.

Doch seit Smart und Tiny da waren, hing Julie wie eine Klette an Kira. Sie suchte ständig ihre Nähe, um mit ihr zu kuscheln oder sie zu putzen. Kira genoss das sehr und auch ich war froh über diesen Sinneswandel. Was mich aber noch mehr in Erstaunen versetzte, war die Tatsache, dass Julie seit sie mit den Welpen zusammen war, plötzlich wesentlich sauberer war. Es war noch nicht perfekt, doch wesentlich besser. Früher machte sie in über neunzig Prozent der Fälle neben das Klo und brachte mich regelmäßig zur Verzweiflung. Irgendwann hatte ich den Kampf aufgegeben und mich in mein Schicksal gefügt, ihr ständig hinterherputzen zu müssen. Doch nun ging nur noch etwa die Hälfte daneben. Ich konnte mein Glück gar nicht fassen und stand der Sache anfangs sehr misstrauisch gegenüber. Das war doch bestimmt ein Trick von Julie und nur von kurzer Dauer. Doch zu meiner großen Freude blieb sie bei ihrer Trefferquote von fünfzig Prozent.

Zwischenzeitlich suchte ich bezüglich der endgültigen Gruppenzusammenführung Rat. Ich durchforstete meine sämtlichen Bücher, von denen ich etwa ein gutes Dutzend besitze, und las mich durch verschiedene Internetforen. Es wurde überwiegend die Meinung vertreten, dass eine Vergesellschaftung niemals klappen würde, wenn die Tiere sich bis aufs Blut bekämpfen und Angsthäufchen und Stinkbomben an der Tagesordnung sind. Eigentlich bin ich derselben Meinung. Doch andererseits wollte ich so schnell nicht aufgeben. Und mit Julie hatte es ja letztlich auch noch funktioniert. In zwei Büchern las ich dann, dass man bei Problemen warten sollte, bis die Welpen vier Monate alt sind, da sie dann auch anfangen, sich zu wehren. Das war doch ein Hoffnungsschimmer. Die paar Wochen konnte ich noch warten.

Ende September wagte ich dann einen neuen Versuch mit Merlin. Und die Welpen ließen sich nun tatsächlich nicht mehr alles gefallen und wehrten sich. Merlin fand es überhaupt nicht lustig, dass er plötzlich auf Gegenwehr stieß. Er war irritiert und ging nicht mehr ganz so aggressiv auf die Welpen los. Und diese konnten ihn nun schon teilweise mit ohrenbetäubendem Geschrei auf Distanz halten. Die nächsten drei Tage waren sehr anstrengend, nicht nur für die Tiere. Ich konnte sie unter Aufsicht schon recht lange zusammenlassen. Dann gab es natürlich jedes Mal Streit, Geschrei und Verfolgungsjagden. Ich musste mich zwingen, nicht zu schnell dazwischen zu gehen, denn die Tiere mussten es selber ausfechten. Nur wenn sich jeder über seinen Stand in der neuen Gruppe im Klaren war, würde Ruhe einkehren. Und es machte sich bezahlt.

Schon nach zwei Tagen gab es keine Angsthäufchen mehr, und nach knapp einer Woche gab es kaum noch erbitterte

Kämpfe. Man hatte sich auf ein Nebeneinander geeinigt. Bis zum Miteinander war es also nur noch eine Frage der Zeit. Die Sache wurde nun auch für mich einfacher, da ich nicht mehr ständig zwei Gruppen hatte. Natürlich konnte ich die fünf nicht vierundzwanzig Stunden am Tag zusammen laufen lassen. Also wurden sie getrennt, wenn ich auf Arbeit war und auch über Nacht.

Da sich die Frettchen, wenn ich da bin, frei in Wohnzimmer und Schlafzimmer bewegen können und die Türen immer offen sind, hätte ich natürlich sofort mitbekommen, wenn es mitten in der Nacht Streit gab. Ich hätte also Smart und Tiny auch nachts mit den anderen laufen lassen können. Das war aber nicht so einfach möglich, denn meine Wohnung war plötzlich nicht mehr frettchensicher. Das war für mich total überraschend. Schon beim Einzug in die neue Wohnung hatte ich darauf geachtet, möglichst alle Schwachstellen zu beseitigen. Nun ja, für meine alte Gruppe war die Wohnung auch frettchensicher. Aber jedes Frettchen ist halt anders.

Das Erste, was ich feststellen durfte, war, dass vor allem Tiny sehr kletterfreudig war. Da machte sie auch vor dem Käfig nicht Halt. Unzählige Male habe ich sie von dort oben runtergepflückt. Bisher hatte ich auf dem Käfig die Medikamente für Kira stehen. Das musste ich nun ändern, denn Tiny hätte die Medikamente bei ihren Klettertouren runterwerfen können, oder, was noch schlimmer wäre, sie hättet sie fressen können. Also wurden die Medikamente in die Anbauwand verbannt.

Eine andere Freizeitbeschäftigung von Smart und Tiny war die "Blumenpflege". Da ich ja nicht erst seit gestern Frettchen hatte, waren die meisten Grünpflanzen natürlich außerhalb der Reichweite der Frettchen. Doch der eine oder andere Topf war zu groß und schwer für das Fensterbrett. Diese Pflanzen standen auf dem Fußboden und der Topf war mit Draht gesichert, so dass die Frettchen nicht buddeln konnten.

Da auch die Welpen nicht an die Erde kamen, um zu buddeln, wandten sie sich den anderen Teilen der Pflanze zu. Mein ganzer Stolz war ein Hibiskus, der neben der Couch stand. Die kleinen Monster funktionierten ihn einfach zum Kletterbaum um. Vom Sofa aus zerrupften sie die Blätter oder sprangen voller Freude einfach hinein. Schon nach kurzer Zeit sah der Hibiskus ziemlich mitgenommen aus. Zur Erholung zog er in die Küche um. Mal abgesehen vom Erscheinungsbild des Hibiskus war das Ganze nicht weiter tragisch. Doch Smart und Tiny vergriffen sich auch an meinem Ficus. Das war schon gefährlicher, denn die Blätter sind giftig. Also musste auch der Ficus in die Küche umziehen. Nun waren zumindest in puncto Klettern und Pflanzen alle Vorkehrungen getroffen. Dachte ich jedenfalls. Doch ich wurde schnell eines Besseren belehrt.

Ein typischer Abend in einer nicht frettchensicheren Wohnung konnte dann schon mal wie folgt aussehen. Smart hatte es mehrmals geschafft, meinen Farn auszubuddeln, der erhöht auf einem Hocker stand. Ich war etwas in Zeitnot, und da der Herr keine Ruhe gab, durfte er eine Auszeit im Kennel nehmen, während ich duschte. Als ich dann so unter der Brause stand, hörte ich plötzlich ein Poltern. Also Augen verdreht, schnell ein Handtuch übergeworfen und nachgesehen.

Tiny hatte mal wieder den Käfig erklommen und war von dort ins Wandregal gesprungen. Dabei hatte sie einige Ordner aus dem Regal geworfen. Genervt wollte ich sie dort runterholen und dachte mir, die Geschichte glaubt dir kein Mensch. Also machte ich kehrt, holte die Kamera und machte erst mal ein paar Beweisfotos, bevor ich Tiny vom Regal pflückte. Dann wurde das Chaos beseitigt, Smart wieder auf freien Fuß gesetzt und ich war in der Zwischenzeit auch wieder trocken.

Smart hatte noch so einige andere Sachen auf Lager. Bisher hatte ich das "Glück", dass alle meine Rüden (außer Chester) Stofffresser waren. Ja, richtig gelesen, die Jungs fressen Stoff. Sie kauen nicht einfach daran herum, sie fressen ihn richtig auf. Pepper machte es aus Langeweile und fraß Handtüchern die Ecken ab. Ab und an verschlang er auch mal eine Socke. Merlin ging schon einen Schritt weiter und fraß ständig Löcher in die Kuscheltücher. Auch viele Socken gingen auf sein Konto.

Als ich von Handtüchern auf Decken wechselte, hörte Merlin auf, daran zu kauen.

Smart allerdings hat den Vogel abgeschossen. So einen extremen Fall hatte ich noch nie. Nicht nur Handtücher und Socken fraß er an. Sogar zwei Pyjamas und ein Bettbezug gingen auf sein Konto. Ich konnte es kaum glauben, als ich das etwa fußballgroße Loch im Bettbezug sah. Mit zunehmendem Alter ließ diese Unart etwas nach, doch auch heute kann ich Smart in dieser Hinsicht nicht hundertprozentig trauen.

Smart hatte noch eine weitere Begabung, mich in den Wahnsinn treiben. Er konnte Schranktüren öffnen. Im Schlafzimmer habe ich über zweieinhalb Meter hohe, schwere Glastüren und er schaffte es doch tatsächlich, die aufzukriegen. Eines Tages hörte ich ein Kratzen, das vom Schrank her kam. Doch ich sah kein Frettchen. Als ich den Schrank öffnete, schaute mich Smart an. Ich konnte mir keinen Reim darauf machen, wie er da reingekommen war, also beobachtete ich ihn, als er sich das nächste Mal am Schrank zu schaffen machte. Und ich muss sagen, er ist schon ein schlaues Kerlchen. Smart legte sich auf den Rücken vor den Schrank und versuchte, die Tür mit den Vorderpfoten aufzudrücken. Sobald er sie eine Spalt breit geöffnet hatte, steckte er den Kopf hinein, drehte sich auf den Bauch und, schwupp, war er im Schrank. Mit etwas Klebeband und einer Truhe vor dem Schrank konnte ich weiteren Erkundungstouren einen Riegel vorschieben. Später wurden Magnete angeschraubt und Smart hatte keine Chance mehr.

Das größte Problem allerdings, vor das mich Tiny und Smart stellten, war die Sache mit dem Wassernapf. Bisher hatte ich äußerst liebe und wohlerzogene Frettchen. Doch dann kamen Tiny und Smart. Und die beiden verwechselten den Wassernapf regelmäßig mit einer Badewanne. Smart war um einiges schlimmer als seine Schwester. Er warf den Napf nicht um oder versuchte hineinzusteigen. Aber er buddelte regelmäßig das Wasser aus. Er stand mit den Vorderpfoten im Napf und dann ging das Buddeln los. Das Wasser spritzte nach allen Seiten, bis der Napf leer war und Smart dafür pitschnass. Ich versuchte es mit einem kleineren Napf, ich stellte mehrere Näpfe ineinander, um ihn davon abzuhalten, doch es brachte keinen Erfolg. Der Napf war nach kurzer Zeit immer wieder leer.

Eine kleine Verbesserung erzielte ich, indem ich einen großen Napf nahm und einen kleineren verkehrt herum hineinstellte. Dadurch gab es nur noch einen kleinen Spalt zum Trinken. Da war das Ausbuddeln schon etwas schwieriger und machte nicht so viel Spaß. Aber Smart ließ es trotzdem nie ganz bleiben. Daher bestand die Gefahr, dass die Tiere den ganzen Tag ohne Wasser waren. Also kaufte ich zur Sicherheit ein paar Nippeltränken. Von den Dingern war ich bisher nicht sehr begeistert, da sie ständig tropfen und die Frettchen auch nicht genug Flüssigkeit zu sich nehmen. Außerdem waren Kira, Julie und Merlin solche Nippeltränken nicht gewohnt. Doch sie lernten recht schnell, und so war jedenfalls gewährleistet, dass rund um die Uhr Wasser zur Verfügung stand.

Nach etwa zwei Wochen war die Frettchensicherheit der Wohnung wieder einigermaßen hergestellt und ich konnte alle fünf auch nachts laufen lassen. Als das ohne größere Probleme klappte, ließ ich sie auch zusammen, wenn ich auf Arbeit war. Die beiden Welpen waren so happy, die Großen ständig um sich zu haben, und suchten immer Anschluss.

Smart folgte Merlin auf Schritt und Tritt. Wo er war, war auch Smart, wo Merlin schlief, wollte sich auch Smart hinlegen. Mein weißer Riese war ziemlich genervt von dem kleinen Wonneproppen, der ihm ständig hinterherlief. Tiny hatte es nicht so einfach, Anschluss zu finden. Vor Merlin hatte sie noch etwas Angst und von Julie wurde sie ständig verjagt. Aber zum Glück gab es ja noch Kira, und so hatte Tiny wenigstens ein erwachsenes Tier, mit dem sie kuscheln konnte und das Mamaersatz war. Ab und an ließ aber auch Julie zu, dass Tiny bei ihr schlief. Und so ging es Schritt um Schritt besser.

Mitte November konnte ich dann endlich behaupten, eine harmonische Gruppe zu haben. Jeder kam mit jedem klar, es wurde miteinander getobt und gekuschelt. Julie hatte ihre Abneigung gegen Tiny abgelegt, und Merlin hatte sich daran gewöhnt, dass Smart ihn abgöttisch liebte. Genauer gesagt, konnte ich zu meiner größten Freude feststellen, dass Merlin doch sehr froh war, endlich wieder einen Rüden als Kumpel zu haben, mit dem er rauhe Kämpfe ausfechten konnte und somit endlich seine aufgestauten Energien loswerden konnte.

Und die beiden legten sich bei ihren Raufereien wirklich voll ins Zeug. Wenn meine beiden Jungs am Toben waren, ging es immer sehr laut zur Sache. Es wurde gequietscht und gezetert ohne Ende. Die Mädels dagegen spielten völlig lautlos miteinander. Und auch wenn Smart und Tiny oder Julie und Merlin miteinander tobten, gab es kaum Geschrei. Wirklich nur bei den beiden Rüden. Obwohl auch Julie öfter mal quietschte, wenn sie mit Smart am Toben war. Aber das war kein Vergleich zu der Geräuschkulisse, die die beiden Jungs veranstalteten.

Und wieder einmal hatten sich einige Monate Stress und wenig Schlaf bezahlt gemacht. Als Belohnung gab es fünf zufriedene und glückliche Frettchen, die sich rundum wohl fühlten. Ein weiteres Mal konnte ich feststellen, wie schön es für Mensch und Tier ist, eine Gruppe von vier bis fünf Frettchen zu haben. Es ist so interessant, die Beziehungen der Tiere untereinander zu beobachten – wer mit wem besser kann, wie dicke Freundschaften entstehen und gepflegt werden und dass Blut doch dicker ist als Wasser. Denn egal wie innig die Freundschaft zwischen blutsfremden Tieren ist, wenn im Spiel die eigene Schwester oder der eigene Bruder zu grob behandelt wird und um Hilfe ruft, ist das Geschwisterchen sofort zur Stelle.

Ich persönlich werde wohl immer gemischte Gruppen aus Fähen und Rüden haben. Und dann immer mindestens zwei von jedem Geschlecht, da die Tiere sonst meiner Meinung nach nicht ausgelastet sind. Natürlich tobt jeder mal mit jedem. Trotzdem bin ich der Meinung, dass ein Rüde beim Spiel mit einer Fähe niemals ausgelastet ist und andersherum. Rüden wollen nun mal ihre Kräfte messen und ordentlich auf den Putz hauen. Eine Fähe ist da als Spielgefährte viel zu flink und wendig, da haben die langsameren Jungs keine Chance. Und meine Fähen mögen solche groben Spiele auch nicht sonderlich, sondern wollen lieber flitzen und Fangen spielen anstatt sich nur zu kloppen.

Etwas anderes, was ich sehr zu schätzen gelernt habe, ist, Tiere unterschiedlichen Alters in einer Gruppe zu haben. Die jüngeren Tiere sind ständig auf Achse und reißen die älteren mit und halten sie so fit. Andersherum helfen einem die erwachsenen Tiere bei der Erziehung der jüngeren und weisen sie in ihre Schranken.

Wenn man mehr als zwei Frettchen hat, kann man sicher sein, dass wirklich immer was los ist. Wie gesagt, halte ich eine Gruppengröße von vier bis fünf Tieren für ideal. Allerdings machen fünf Tiere auch ordentlich Arbeit. Bei Frettchen ist das schon recht eigenartig. Ein einzelnes Frettchen macht unglaublich viel Arbeit und ist anstrengend. Zwei Frettchen machen nur noch halb so viel Arbeit wie eins. Von zwei zu drei ist es kaum ein Unterschied. Ab dem vierten Tier wird es dann wieder etwas arbeitsintensiver.

Mit fünf Frettchen ist meine persönliche Höchstgrenze auch erreicht. Bei aller Tierliebe muss man meiner Meinung nach auch realistisch bleiben. Man braucht entsprechend viel Platz für eine größere Gruppe, und egal wie viele Tiere man hat, man sollte noch genug Zeit haben, sich täglich mit jedem einzelnen befassen zu können. Irgendwann spielt auch das Finanzielle eine Rolle. Dabei geht es nicht nur um die Kosten für Futter, Kastration und Impfung. Ab einem gewissen Alter sind Frettchen nun mal krankheitsanfällig, und wenn chronische Krankheiten auftreten, muss man auch das finanziell abfedern können. Von daher halte ich auch absolut nichts von Leuten, die aus falscher Tierliebe immer und immer mehr Tiere aufnehmen und sich damit irgendwann übernehmen. Das hat mit Tierliebe nichts mehr zu tun, sondern grenzt schon eher an Sammelleidenschaft.

Die Gruppenvergrößerung nutzte ich auch als Chance, neue Fütterungsmöglichkeiten zu testen. Ein sehr gutes Trockenfutter hatte ich eigentlich und die Racker fraßen es auch gerne. Doch da inzwischen eine Hand voll spezieller Frettchentrockenfutter auf dem Markt waren, testete ich diese alle. Zwei gefielen sie mir von der Zusammensetzung her sehr gut und schmeckten auch meinen fünf Monstern. Trotzdem behielt ich auch das Katzentrockenfutter bei und konnte so verschiedene Sorten mischen.

Beim Nassfutter änderte ich nichts außer der Dosengröße, denn fünf Frettchen, davon zwei im Wachstum, futtern schon ordentlich was weg. Am meisten änderte ich beim Frischfleisch. Seit bei Pepper Niereninsuffizienz festgestellt worden war, gab es nur noch Huhn und Pute als Frischfleisch, weil Pepper ja leichtverdauliches Futter brauchte. Nach Peppers Tod hatte ich auch wieder Herz und Mägen gefüttert, sonst aber nichts geändert.

Nun, da Smart und Tiny da waren, wollte ich auch andere Fleischsorten ausprobieren. Kaninchen stieß nicht auf großes Interesse, nur Smart und Merlin nahmen ein paar Brocken. Rindfleisch war natürlich noch eine Möglichkeit. Doch da gab es einige Probleme. Julie und Merlin vertragen Rind nicht sehr gut und kotzen es meist wieder aus. Und Kira konnte es altersbedingt kaum noch bewältigen. Das Fleisch war einfach zu fest und sie schlief regelmäßig beim Kauen ein.

Bei Hühner- oder Putenmägen war es das Gleiche. Es war eigentlich immer ganz niedlich anzusehen, wenn es Mägen gab. Alle meine Frettchen sind ganz wild auf Mägen. Aber für Kira war es immer eine große und eigentlich unmögliche Herausforderung. Sie nahm sich ein Stückchen und kaute fleißig drauf los. Schon nach kurzem wurde sie müde und legte sich beim Kauen hin. Dann konnte man hören, wie sie immer langsamer kaute, bis ihr Köpfchen schließlich nach unten sank und sie eingedöst war. Ich stupste sie dann immer ganz leicht an und sofort wachte sie auf und kaute weiter.

Dann hatte ich bezüglich des Rindfleisches die glorreiche Idee, es mit Rinderhack zu probieren. Die ersten beiden Male waren alle fünf sehr skeptisch und von der Konsistenz der Hackmasse irritiert. Mit langen Zähnen wurde vorsichtig probiert, und, siehe da, man kann das Zeug essen. Schnell wurde Rinderhack zum Favoriten aller fünf, und durchgedreht vertrugen es auch alle wunderbar. Da man Hack ja nicht einfrieren soll, kaufte ich mir bald einen kleinen Fleischwolf. So konnte ich Rindfleisch ganz normal einfrieren, bei Bedarf auftauen und durchdrehen.

Nun hatten die Monster mit Huhn, Pute, Herzen, Mägen und Rinderhack schon eine recht ordentliche Auswahl an Frischfleisch. Später kam auch noch Pansen auf den Speiseplan. Nach einigen Anlaufschwierigkeiten waren vor allem Tiny und Merlin davon begeistert. Und sie hatten auch ordentlich zu tun. Schon ich kam beim Schneiden von Pansen ordentlich ins Schwitzen. Dementsprechend lange hatten auch die Frettchen an so einem Stückchen zu kauen.

In vielen Büchern liest man, dass das Füttern von ganzen Futtertieren die beste Art der Ernährung der kleinen Marder darstellt. Und viele Frettchenbesitzer, die ihre Tiere so ernähren, bestätigen dies. Das glaube ich auch gerne, ist es doch die natürlichste Art des Fütterns. Ich allerdings habe so meine Probleme damit, kleine flauschige Küken, niedliche Mäuse oder sonst irgendwas zu verfüttern, wo ich noch erkennen kann, wie das lebende Tier mal aussah.

Durch Zufall entdeckte ich dann im Supermarkt Wachteln. Schon gerupft, ohne Kopf und teilweise ausgenommen. Sollte ich es probieren? Kira, Julie und Merlin hatten noch nie ganze Futtertiere bekommen. Ich nahm die Wachteln nicht mit. Doch schon beim nächsten Einkauf stand ich wieder vor dem Tiefkühlregal und hielt ein Paket mit vier Wachteln in der Hand. Diesmal kaufte ich sie. Ich war ziemlich gespannt, wie meine fünf darauf reagieren würden.

Als Erstes setzte ich Kira, Merlin und Julie eine der Wachteln vor. Die drei waren sehr interessiert. Das roch doch sehr nach leckerem Fleisch, aber es war so eigenartig "verpackt". Von allen Seiten wurde der Vogel begutachtet. Der eine oder andere hob ihn vorsichtig mit den Zähnen hoch, wusste dann aber nicht weiter. Und so stand dann ein ratloses Frettchen mit einer Wachtel im Maul im Käfig. Keiner der drei machte Anstalten mit dem Fressen zu beginnen.

Ich holte Smart und Tiny dazu. Die beiden wussten den Leckerbissen sofort zu schätzen. Nur einmal kurz schnuppern, dann schnappten sich beide die Wachtel, um sie in Sicherheit zu bringen. Dumm nur, dass jeder der beiden in eine andere Richtung wollte. Nach kurzem Gezerre und Gefauche entschlossen sich Tiny und Smart dazu, den Vogel an Ort und Stelle zu verspeisen. Sie begannen an den günstigsten und am einfachsten zu erreichenden Stellen – Hals, Flügel und Beine. Für mich war es anfangs sehr gewöhnungsbedürftig, das Knacken der Knochen zu hören. Mit der Zeit wurde es jedoch besser und heute stört es mich gar nicht mehr.

Gerade beim Füttern der Wachteln kam mir wieder einmal der Futterneid zu Hilfe. Merlin ist extrem futterneidisch und kennt vor allem bei Fleisch keine Freunde. Daher war er auch jedes Mal gar nicht begeistert, wenn sich die Lütten über eine Wachtel hermachten. Er versuchte dann immer, den Vogel in Sicherheit zu bringen und schleppte ihn von einer Ecke des Käfigs in eine andere. Ich weiß nicht, ob es daran lag, dass Merlin die Wachtel ständig durch das Hin-und-her-Schleppen im Maul hatte und somit auf den Geschmack kam oder ob er den Welpen einfach das Futter nicht gönnte. Jedenfalls probierte er es auch mal und stellte schnell fest, dass Wachtel was ganz Leckeres ist.

Inzwischen ist Merlin immer Feuer und Flamme, wenn es Wachteln gibt. Und auch Julie hat nach und nach angefangen sie zu fressen, auch wenn es nie ihre Leibspeise werden wird. Kira hätte sicherlich auch gerne probiert, doch ihre alten Zähne machten da nicht mehr mit. Sie ging aber trotzdem nicht leer aus. Ich schnitt ihr immer die Bruststücke heraus. Meist war dann auch Smart zur Stelle. Er hatte schnell erkannt, dass man hier ohne viel Arbeit an leckeres Fleisch herankam. Smart ist nämlich ziemlich faul. Als er feststellte, dass es neben Wachteln auch immer wieder Fleisch ohne Knochen gab, was viel leichter zu fressen war, war er immer weniger für Wachteln zu begeistern. Es war ihm einfach zu viel Arbeit.

Bald konnte ich den Speiseplan noch um einige "knochige" Gerichte erweitern. Auch Hühnerrücken und –hälse stießen auf großes Interesse. Bei den Hälsen hatte ich anfangs nur Probleme, an diese heranzukommen.

Die Welpen entwickelten sich prächtig. Smart kam bereits Anfang Oktober in den Fellwechsel. Tiny folgte einen Monat später. Beide verloren nun ihr mausgraues Babyfell und bekamen schönes weiches Fell. Die zwei hatten nun eine schöne dunkle Färbung. Im Gegensatz zu meinen bisherigen Iltisfrettchen, die nur an den Pfoten schwarze Deckhaare hatten und am Rücken braun waren, hatten sowohl Smart als auch Tiny am ganzen Körper ausnahmslos pechschwarze Deckhaare. Die Unterwolle war bei beiden in einem sehr hellen Beige gehalten. Bei Tiny war die Gesichtsmaske etwas dunkler und stärker ausgeprägt als bei Smart. Dafür hatte dieser einen kleinen weißen Brustfleck. Eigentlich sah es eher wie ein Halsband aus, denn der Brustfleck war sehr schmal und lang.

Auch in Sachen Gewicht legten die Geschwister schön zu. Tiny überraschte mich in dieser Hinsicht ziemlich. Da sie die Kleinste des Wurfes war, hatte ich gedacht, dass sie gewichtsmäßig in etwa auf Kiras Niveau kommen würde, die ja im Winter mal vorsichtig die siebenhundert Gramm ankratzte. Doch Tiny holte ihren Rückstand vollständig auf. Schon bald hatte sie sich ein ordentliches Bäuchlein angefuttert und brachte 970 Gramm Höchstgewicht auf die Waage.

Smart war ja von Anfang an ein recht properer kleiner Kerl. Ich war sehr gespannt, wie sein Endgewicht aussehen würde. Als die Anderthalb-Kilo-Marke geknackt war, freute ich mich riesig. Smart blieb dann bei ganz genau 1620 Gramm stehen. Damit lag er noch über dreihundert Gramm unter Merlins Welpenwintergewicht, aber Merlin war ja auch ein sehr großer Rüde. Nun bleibt abzuwarten, wie das Sommergewicht und das Wintergewicht ohne Babyspeck ausfallen werden. Denn das Gewicht, das Frettchen im ersten Winter ihres Lebens haben, werden sie, wenn sie kastriert sind, nie wieder erreichen. Es war jedenfalls eine wahre Freude, den beiden beim Wachsen zuzusehen.

Mit zunehmendem Alter entwickelte sich auch der Charakter der beiden Geschwister weiter. Tiny war und blieb eine total ausgeflippte kleine Maus. Sie konnte nie still sitzen. Und sie hatte einen Riesenspaß daran, mich als Leiter zu benutzen. Wenn ich beim Kloputzen in der Hocke saß und den Katzensand durchsiebte, sprang Tiny immer auf meine Schulter und versuchte, von dort auf das Fensterbrett oder die Möbel zu gelangen. Auch wenn ich in voller Größe vor ihr stand und etwas in der Hand hielt, was sie interessierte, war sie in null Komma nichts auf meiner Schulter. Trotz dieser kleinen Macke war sie sehr pflegeleicht.

Was ich nur sehr schade fand, war, dass Tiny für eine Fähe leider sehr sprechfaul war. Selbst beim Toben war sie selten am Muckern. Dafür entwickelte sie sich zu einer richtigen Schmusebacke. Jeden Tag morgens nach dem Aufstehen und wenn ich nachmittags von der Arbeit kam, krabbelte sie auf meinen Schoß und ließ sich einige Minuten lang kraulen. Ich legte sie dabei immer rücklings auf meinen Arm und kraulte ihr Hals, Brust und Bauch, was sie mit geschlossenen Augen genoss.

Ich war sehr froh, wieder ein Schmusefrettchen zu haben. Tiny war zwar nicht so extrem wie Pepper, aber es reichte mir. Nun musste sich Merlin auch nicht mehr zwangsweise durchknuddeln lassen. Allerdings war mein Dicker ungewöhnlich liebesbedürftig, seit die Welpen da waren. Bereitwillig ließ er sich kraulen und suchte nicht immer gleich das Weite. Auch Julie war etwas empfänglicher für Streicheleinheiten geworden.

Im Gegensatz zu seiner Schwester war Smart ein sehr anstrengendes Frettchen. Er hatte einen absolut lieben Charakter, wie Tiny auch. Doch er stellte nur Blödsinn an. Es war einfach stressig mit ihm. Ständig hielt er mich auf Trab, ob er nun Schränke öffnete, die Klos oder den Wassernapf ausbuddelte, die Tapeten von den Wänden zupfte oder sonst irgendwas. Manchmal war ich kurz davor zu verzweifeln. Wenn jemals festgestellt wird, dass auch Frettchen unter ADS leiden können, dann hatte Smart es auf jeden Fall!

Bei allem Ärger, den Smart machte, hatte ich ihn natürlich auch unsagbar lieb, und er konnte mich so schön zum Lachen bringen. Ich habe noch nie ein Frettchen gesehen, das so ausdauernd und so niedlich mit sich selber spielen konnte. Mitten im Zimmer riss Smart auf einmal sein Mäulchen auf, hüpfte rückwärts und freute sich einfach.

Sein absolutes Lieblingsspielzeug war ein kleiner bunter Plüschball mit einem Glöckchen drin. Er liebte dieses Ding über alles und nahm es überall mit hin. Wenn er es mal allein ließ, dann versteckte er es, damit die anderen es ihm nicht wegnehmen konnten. Er hatte ziemlich ausgefallene Verstecke. Inzwischen wunderte ich mich schon gar nicht mehr, wenn meine Bettdecke klimperte oder ich morgens nicht in meine Hausschuhe kam. Smart hatte seinen kleinen Ball dort versteckt.

Meine fünf machten mir nun sehr viel Freude. Es wurde gekuschelt und getobt und es war immer Action.

Anfang Dezember 2005 nahm ich die beiden Frettchen einer Freundin für ein paar Tage in Pflege. Es waren Feli und Oskar (der Bruder von Smart und Tiny). Es grenzt fast an ein Wunder, aber keiner meiner fünf hatte ein Problem mit den beiden. Sogar Merlin stänkerte kein bisschen. Ich konnte ihn kaum wiedererkennen. So konnte ich also eine siebenköpfige Frettchengruppe ohne Probleme laufen lassen.

Julie war ganz verliebt in Oskar und kuschelte und tobte viel mit ihm. Doch leider hielt diese Idylle nur drei Tage an. Dann kamen Smart und Oskar schlagartig in die Ranz, und nun war es vorbei mit dem Frieden. Sobald Smart Feli sah, bekam er praktisch einen Tunnelblick und wollte nur noch hinterher. Nichts konnte ihn davon abbringen, nicht einmal Leckerlis.

Feli ist leider eine sehr ruhige Fähe, die sich nicht wehrt. Daher musste ich sie von Smart trennen. Auch mit Smart und Oskar klappte es nun nicht mehr, denn zwei ranzige Rüden streiten furchtbar gern. So war es auch bei den beiden Brüdern. Es fing meist als ganz normales Spiel an, das dann immer ruppiger wurde. Dann ging das Gekeife los. Manchmal plusterte auch einer der beiden den Schwanz auf. Dann war der Punkt erreicht, wo es für beide kein Spiel mehr war, und es wurde unter Gequietsche und Gefauche gekämpft. Es war eigentlich meist ein recht ausgeglichener "Kampf". Mal war Smart im Hintertreffen und mal Oskar. Da Oskar aber nun mal taub war, fing er leider immer ein ohrenbetäubendes Geschrei an, so dass ich beide meist nach kurzer Zeit trennte.

Nachdem Feli und Oskar wieder abgeholt worden waren, suchte sich Smart andere "Opfer". Er stellte nun ständig Julie nach. Im Gegensatz zu Feli wehrte sie sich, aber doch recht halbherzig. Sie war öfter am Fauchen, als dass sie sich körperlich zur Wehr setzte. Seine Schwester ließ Smart meist in Ruhe, denn Tiny ließ sich nichts gefallen und zickte ihn immer ordentlich an.

Wenn Smart mal nicht hinter den Mädels her war, stänkerte er mit Merlin. Meist schnappte er sich Merlin, wenn dieser schlief. Dann sprang Smart ihm auf den Rücken, biss ihm in den Nacken und zerrte ihn durch die Wohnung. Es war unglaublich, wie gutmütig mein weißer Riese reagierte. Er zeterte und fauchte, wehrte sich aber selten körperlich gegen Smart. Noch vor wenigen Monaten hätte Merlin Smart am liebsten in der Luft zerrissen, und nun hatte der Halbwüchsige fast Narrenfreiheit, ich konnte es kaum glauben.

Durch Smarts Ranz kam natürlich etwas Unruhe und Stress in die Gruppe. Doch ich wollte mit der Kastration noch ein wenig warten. Smart war mir noch zu jung. Wenn Mensch und Tier es aushielten, wollte ich bis Ende Januar warten, dann wäre Smart acht Monate alt.

Im Internet habe ich ab und zu gelesen, dass einige Frettchenhalter ihre Rüden sofort bei beginnender Ranz kastrieren lassen, auch wenn die Tiere dann erst fünf oder sechs Monate alt sind. Das halte ich definitiv für zu früh. Frettchen sind mit circa acht Monaten ausgewachsen. Ein Tier, das sich noch im Wachstum befindet, schon kastrieren zu lassen, nur weil es anfängt etwas unangenehm zu riechen, ist in meinen Augen ziemlich egoistisch und tut dem Tier nicht gut. Natürlich gibt es immer Ausnahmen, und bei den Fähen kann man wegen der Gefahr der Dauerranz nicht so sehr Rücksicht auf das Alter nehmen wie bei den Rüden.

Ich muss zugeben, dass ich Smart doch schon etwas früher habe kastrieren lassen, nämlich bereits am 5. Januar 2006. Er zermürbte mich und die anderen Frettchen so sehr mit seinen Spielchen, dass es nicht mehr auszuhalten war. Nicht einmal nachts hatten wir Ruhe. Ständig war er am Stänkern, entweder mit Julie oder mit Merlin. Ich konnte keine Nacht mehr durchschlafen. Als Smart dann auch noch anfing, Kira zu bedrängen und meine alte Dame sich nicht gegen ihn zur Wehr setzen konnte, war sein Schicksal besiegelt. Ich hätte gerne noch zwei oder drei Wochen gewartet, aber so war er etwas über sieben Monate alt und die Hoden waren beide schon gut ausgebildet.

Sie werden so schnell erwachsen

5. Januar 2006 – Smarts Kastration stand auf dem Plan. Um 16.00 Uhr hatten wir den Termin, das bedeutete, dass Smart ab mittags fasten musste. Er bekam davon aber nichts mit, weil er die ganze Zeit schlief.

Beim Tierarzt folgte als Erstes eine allgemeine Untersuchung, Abtasten und Abhören. Smart war noch nicht oft beim Tierarzt gewesen, doch er mochte es überhaupt nicht. Er zitterte vor Angst und wollte einfach nur weg. Als er die Narkosespritze bekam, war er ziemlich sauer und versuchte zu schnappen. Aber nicht nach mir, sondern nach dem Tierarzt. Dann wäre er fast vom Behandlungstisch gefallen, hätte ich ihn nicht aufgefangen. Ein paar Augenblicke später hatte sich Smart aber wieder beruhigt und erkundete nun neugierig das Behandlungszimmer. Nach etwa fünf Minuten gehorchten ihm die Hinterbeine nicht mehr, und kurz darauf war er eingeschlafen und wurde in den OP gebracht.

Während des Eingriffs wartete ich. Schon kurz vor 17.00 Uhr bekam ich meinen kleinen Schatz wieder. Auf den ersten Blick sah ich eine sehr kleine und saubere Narbe etwa von der Größe eines Fingergliedes, mit drei Fäden. Bis der Doc mit dem Eintrag im Krankenblatt fertig war und ich bezahlen konnte, vergingen noch etwa zehn Minuten. Als ich fertig war und mich zum Kennel umdrehte, schaute mich Smart zwar noch etwas benommen und irritiert, aber mit großen Augen an.

Zu Hause hatte ich ihm schon ein separates Plätzchen vorbereitet. Bis er wieder völlig wach war, wurde er in einem umfunktionierten Kaninchenkäfig einquartiert. Dort hatte er ein paar weiche Kuscheltücher, Wasser, Futter und ein kleines Katzenklo, das mit Küchenpapier ausgelegt war, damit kein Schmutz in die frische Wunde kam.

Smart war ziemlich unruhig und wollte sofort auf Achse, was aber nicht so recht klappte, da ihm die Hinterbeine noch nicht gehorchen wollten. Also wurde der Käfig zugemacht und Smart musste zwangsläufig eine Pause einlegen. Er fiel dann auch schnell ziemlich erschöpft in die Kuscheltücher.

Eine gute halbe Stunde später konnte ich ihn zu etwas Babybrei überreden und er trank auch ein paar Schlucke Wasser. Dadurch kam sein Kreislauf in Schwung und er wurde wieder warm. Während sich Smart ein paar Knuddeleinheiten bei mir holte, begutachtete ich die Wunde. Dabei musste ich feststellen, dass sie leicht blutete. Nicht so stark, dass es tropfte, aber ein kleiner Bereich in der Größe eines 1-Cent-Stückes war nass. Das beunruhigte mich nicht sonderlich. Auch Merlins Naht hatte nach der Kastration durch seine Bewegungen etwas geblutet. Damals gab es sich recht schnell. Ich würde die Sache im Auge behalten. Fürs Erste ließ ich Smart in Ruhe, damit er sich erholen konnte.

Leider hörte es in den nächsten anderthalb Stunden nicht auf zu bluten. Nun war ich doch etwas nervös. Gleich war die Sprechstunde vorbei und eine lange Nacht lag vor uns. Sicherheitshalber rief ich beim Tierarzt an. Ich sollte mit Smart vorbeikommen, damit sich der Doc selber ein Bild machen konnte. Nun, ich hatte mir mal wieder zu viele Sorgen gemacht. Aber bekanntlicherweise gehe ich ja lieber einmal zu viel zum Tierarzt als einmal zu wenig.

Rechts neben der Naht hatte sich ein kleiner, circa ein Zentimeter langer Bluterguss gebildet. Eventuell hatte der Doc beim Nähen der äußeren Hautschicht ein Blutgefäß verletzt. Es war jedenfalls nicht weiter tragisch. Bis zum nächsten Morgen sollte es aber aufhören zu bluten. Natürlich konnte ich die Nacht nicht einfach durchschlafen, um dann morgens zu sehen, ob es nun aufgehört hatte zu bluten oder nicht. Zwei oder drei Mal stand ich in der Nacht auf und sah nach Smart. Ich hatte ihn immer noch von den anderen getrennt. Bereits am späten Abend hatte es aufgehört zu bluten. Allerdings wurde der Bluterguss immer größer.

Am Morgen war er etwa so groß wie ein Fünfmarkstück und teilweise hart. Also ging es wieder zum Tierarzt. Er meinte, solange der Bluterguss nicht noch größer wurde, war noch alles im Rahmen. Sollte er aber weiterhin größer werden, müsste unter Narkose nachgesehen werden, was nicht in Ordnung war.

Da Smart die ganze Nacht in dem kleinen Kaninchenkäfig verbracht hatte, war er morgens voller aufgestauter Energie. Obwohl ich es lieber gesehen hätte, dass er es etwas ruhiger hätte angehen lassen, konnte ich ihn ja nicht 24 Stunden am Tag einsperren. Also durfte sich Smart nach dem Tierarztbesuch etwas die Beine vertreten. Er war kaum zu bändigen und hüpfte übermütig durch die Wohnung. Ohne Rücksicht auf die frische Narbe krabbelte er durch Röhren oder hüpfte vom Bett. Natürlich suchte Smart auch nach seinen Freunden. Also ließ ich die anderen vier zu ihm. Er wurde argwöhnisch von allen Seiten beschnuppert, weil er so eigenartig roch. Aber recht schnell erkannten sie ihn und das Spiel konnte beginnen. Fangen spielen ließ ich zu, aber sobald eine Rauferei anfing, ging ich dazwischen. Die Narbe war noch zu frisch und zu empfindlich für solche Spiele.

Obwohl Smart noch längst nicht wieder auf dem Dampfer war, hatten natürlich immer noch die Hormone in seinem Körper das Sagen. Nach der kurzen Begrüßung seiner Freunde schnappte er sich also sofort Julie und zerrte sie muckernd durchs Zimmer. Mit einem Kopfschütteln befreite ich Julie und ließ Smart noch etwas allein laufen, bevor er zurück in den Käfig kam. Den Rest des Tages trennte ich ihn noch von den anderen. Smart lief im Schlafzimmer, die anderen vier im Wohnzimmer. Auch die zweite Nacht musste Smart noch sicherheitshalber allein verbringen. Doch am nächsten Tag durfte er wieder mit den anderen laufen.

Drei Tage nach der Kastration war der Ranzgeruch von Smart schon verflogen und auch der Bluterguss ging langsam zurück. Nach gut einer Woche waren auch fast alle Hormone aus dem Körper ausgeschwemmt und Smart benahm sich wieder wie ein normales Frettchen. Die Stimmung in der Gruppe wurde wieder harmonischer. Zehn Tage nach der OP wurden die Fäden gezogen. Smart hat einen riesen Aufstand gemacht und wollte einfach nicht still halten. Selbst mit Paste war es schwierig für die Tierärztin, die drei Fäden zu ziehen.

Kurze Zeit später kam Smart in den Fellwechsel. Durch die neu durchstoßenden dunklen Haare sah er wieder mausgrau aus. Und er fusselte jetzt auch ohne Ende. Wenn ich ihn auf dem Arm hatte, konnte ich mich danach abbürsten. Neben seinem Fell veränderte sich nun auch Smarts gesamte Erscheinung. Die kindlich moppelige Figur wich einer schlanken und wohlproportionierten Silhouette. Vor der Kastration war er ein kleiner Wonneproppen, der vom Kopf zum Schwanz hin wie ein A immer breiter wurde. Nun wurde er immer schlanker und sein Körper muskulöser.

Die nächsten Wochen verliefen problemlos und ich hatte viel Spaß an meinen fünfen. Es war immer was los und sie hielten mich ordentlich auf Trab. Auch Kira ging es prima. Julie und Merlin wurden wieder unternehmungslustiger, und vor allem Merlin war nun endlich wieder rundum zufrieden und ausgeglichen.

Pünktlich am Valentinstag 2006 kam Tiny in die Ranz. Ich war furchtbar traurig darüber. Auch mein letztes Baby wurde nun erwachsen. Sie begann zu müffeln und die Vulva schwoll an. Ich persönlich finde, dass ranzige Fähen unangenehmer riechen als ranzige Rüden. Rüden riechen zwar wesentlich intensiver, aber der Geruch der Fähen ist irgendwie penetranter. Jedenfalls habe ich lieber zwei ranzige Rüden als eine ranzige Fähe.

Tiny veränderte sich nun auch charakterlich etwas. Sie wurde sehr anhänglich und liebesbedürftig und liebte es, auf dem Arm zu kuscheln. Dass ich sie natürlich nicht ständig herumtragen konnte, verstand Tiny gar nicht. Sie bekam dann immer ihre melancholische Phase und lag tief seufzend auf dem Sofa oder irgendwo in meinem direkten Blickfeld. So konnte ich schön sehen, wie sehr sie unter meiner Nichtbeachtung litt.

Spielen mochte sie gar nicht mehr. Smart forderte seine Schwester zwar oft zum Spielen auf, doch Tiny war nur am Jammern und Quietschen. Sie war kaum wiederzuerkennen.

Mein kleiner Wirbelwind war zu einer Mimose geworden. Tiny markierte nun auch sehr stark. Immer öfter ging etwas neben das Klo, und auch vor den Türen fand ich regelmäßig kleine Bächlein und Häufchen.

Nach etwa dreieinhalb Wochen ließen der Geruch und das Markieren nach und Tiny begann auch wieder mehr zu spielen. Doch die Schwellung der Vulva ging nicht zurück. Als Tiny nach fünf Wochen immer noch nicht aus der Ranz war, fing ich an mir Sorgen zu machen. Da es immerhin schon drei Jahre her war, dass ich eine ranzige Fähe hatte, habe ich mich schon beizeiten noch mal belesen. Demnach dauert eine Ranz bis zu zweiundvierzig Tage, also maximal sechs Wochen. Trotzdem setzte ich mich schon mit meinem Tierarzt in Verbindung, um das weitere Vorgehen zu besprechen. Kastrieren wollte er Tiny in diesem Zustand nicht. Da es ihr gesundheitlich noch gut ging, wurde mir eine Hormonspritze empfohlen. Diese bekam sie dann auch.

Schon nach zwei Tagen war der Ausfluss verschwunden und der Bereich um die Vulva war trocken. Nach etwa einer halben Woche ging ganz langsam, wirklich sehr langsam, die Schwellung der Vulva zurück. Tiny benahm sich nun auch wieder wie ein ganz normales Frettchen. Sie war wieder ständig auf Achse und am Flitzen und Toben. Beim Spielen mit Smart und den anderen konnte sie nun wieder gut austeilen und auch einstecken.

Etwa zwei Wochen nach der Hormonspritze, am 10. April 2006, wurde Tiny kastriert. Die Vulva war noch immer leicht geschwollen. Circa drei Stunden vor dem Eingriff durfte sie nichts mehr fressen. An dieser Stelle möchte ich eindringlich darauf hinweisen, dass Frettchen aufgrund ihres kurzen Magen-Darm-Traktes vor einer OP maximal vier Stunden hungern sollten, dann ist alles Futter verarbeitet. Längeres Hungern kann zu Kreislaufproblemen führen. Einige Frettchenhalter lassen ihre Tiere gar nicht hungern, da Frettchen narkosebedingt nicht erbrechen.

Um fünfzehn Uhr, noch vor Beginn der eigentlichen Sprechzeit, hatten wir den Termin. Wir kamen mal wieder nicht pünktlich dran, aber das kenne ich schon. Kurz nach halb vier waren wir dann endlich an der Reihe. Nachdem der Doc Tiny noch mal untersucht und abgehört hatte, bekam sie die Narkosespritze und schlief kurz darauf auf meinem Arm ein. Dann ging es für sie in den OP und ich ging zurück ins Wartezimmer.

Eine gute Dreiviertelstunde später war der Eingriff beendet. Da Tiny doch recht stark mit der Narkose zu kämpfen hatte und sehr kalt war, durfte ich sie noch nicht mit nach Hause nehmen. Sie wurde in ein Handtuch gewickelt und ich bekam sie auf den Arm gelegt zum Wachrubbeln. Das regt den Kreislauf an. Als ich sie bekam, warf ich natürlich einen ersten schnellen Blick auf die Narbe. Sie war recht klein und sah super aus – trocken, sauber und nicht gerötet. Während ich nun also mein Frettchen auf dem Arm hatte und wachrubbelte, sorgte mein doch recht ungewöhnliches Haustier für einiges Interesse unter den anderen Wartenden. Viele Leute kamen, um sich die Süße mal näher anzusehen und auch Fragen zu stellen.

Unter starkem Zittern versuchte Tiny, ihrem Kreislauf wieder in Schwung zu bringen. Die Augen hatte sie fest geschlossen. Ich unterstütze sie weiterhin durch Rubbeln. Nach etwa einer halben Stunde versuchte Tiny schon, den Kopf zu heben, die Augen waren noch immer geschlossen. Jetzt gab der Tierarzt das Okay, dass ich sie mit nach Hause nehmen durfte.

Dort hatte ich schon ein separates Plätzchen für sie vorbereitet und ließ ihr erst mal ihre Ruhe. Nach einer halben Stunde nahm Tiny schon etwas Futter an und versuchte auf sehr wackligen Beinen, eine Runde im Zimmer zu drehen. Sie durfte sich kurz die Beine vertreten, dann kam sie zurück in den Käfig. Vorher schaute ich mir die Narbe noch mal genauer an. Noch immer war die Naht trocken und sauber. Sie war etwa so lang wie ein Fingerglied.

Überrascht stellte ich fest, dass Tiny nicht acht, sondern nur sieben Zitzen hat. Das war mir bisher gar nicht aufgefallen, doch jetzt durch die Rasur wegen der OP konnte man es gut sehen. Auf der rechten Seite hatte sie übereinander in gleichmäßigem Anstand vier Zitzen. Auf der linken Seite nur drei. Die unteren beiden waren auf gleicher Höhe, wie die Zitzen auf der rechten Seite. Die dritte jedoch befand sich nicht parallel zur Zitze auf der anderen Seite sondern war versetzt.

Da Tiny zwar sehr müde, aber auch unruhig war, ließ ich die anderen zu ihr, damit sie nicht mehr so nervös war und merkte, das alles in Ordnung ist. Kira schnüffelte kurz an Tiny, dann war sie zufrieden und ging ihrer Wege. Julie bekam gleich einen Anfall von Mutterinstinkt und putzte Tiny ausgiebig. Diese wollte jedoch ihre Ruhe haben, konnte sich aber noch nicht so recht wehren. Also kam ich Tiny zu Hilfe und Julie musste gehen.

Smart war total verwirrt. Mit aufgeplustertem Schwänzchen näherte er sich vorsichtig und jederzeit zum Rückzug bereit seiner Schwester. Nach kurzem zaghaften Schnuppern erkannte er Tiny aber und untersuchte sie neugierig. Tiny ging auch das auf die Nerven und so durfte auch Smart nicht länger bleiben.

Merlin schien durch den OP-Geruch auch verwirrt zu sein. Er reagierte jedoch ganz anders als Smart, eher nach dem Prinzip Angriff ist die beste Verteidigung. Er ging auf Tiny zu, erkannte sie nicht und biss sofort zu. Zum Glück nicht in den Bauch, sondern in den Nacken. Bevor er nachgreifen konnte, ging ich dazwischen.

Diese Nacht verbrachten Tiny und Kira bei mir im Schlafzimmer, Julie, Merlin und Smart im Wohnzimmer. Kira war einfach am ruhigsten und unaufdringlichsten. In der Nacht sah ich einmal nach Tiny, doch da die Narbe nach wie vor sauber und trocken war, konnte ich den Rest der Nacht durchschlafen. Über Nacht hatte Tiny gut gefressen und morgens war sie schon wieder recht munter und versuchte sogar aufs Bett zu hüpfen, was ihr aber noch nicht gelang. Nun ließ ich auch Julie zu ihr. Tiny war wieder soweit fit, sich gegen die Putzattacken zu wehren. Von den Rüden trennte ich sie jedoch noch. Sollte Merlin sich noch immer nicht eingekriegt haben, hätte Tiny ihm noch nichts entgegenzusetzen gehabt. Bei Smart hatte ich eher Angst, dass er Tiny versehentlich bei einer Spielaufforderung wehtun würde.

Den Tag über war Tiny noch etwas durcheinander, aber es ging ihr gut. Sie fraß und trank normal und hatte auch beim Aufs-Klo-Gehen keine Probleme. Sie war eine brave Patientin und ließ die Narbe schön in Ruhe. Allerdings stellte ich auch bei Tiny fest, dass sich die Haut am Bauch dunkel färbte. Es sah nicht aus wie ein Bluterguss, aber es war ungewöhnlich. Ich würde es im Auge behalten.

Es stand eine Kontrolle beim Tierarzt an. Der Doc war sehr zufrieden mit der Narbe. Er erklärte mir, dass er für die Naht der Außenhaut nur zwei Fäden gemacht hatte und die Narbe sonst geklebt worden war. Und ich erfuhr auch, dass Tiny nicht nur die Eierstöcke entfernt worden waren, sondern auch die Gebärmutter, da sie leichte Veränderungen aufgewiesen hatte.

Am Abend durften dann auch die beiden Jungs wieder zu Tiny und den anderen Mädels. Die ersten Stunden war ich wachsam wie ein Luchs und beobachtete Merlin ganz genau wenn er in Tinys Nähe war. Aber er war ihr gegenüber kein bisschen aggressiv mehr und benahm sich wie immer.

Die Kastration war jetzt etwa anderthalb Tage her und Tinys Bauch wurde immer dunkler. Aber nicht nur um die Narbe herum, sondern inzwischen in voller Länge der OP-bedingten Rasur. Es sah noch immer nicht nach Bluterguss aus. Also schaute ich mir Tiny genauer an und – siehe da – auch im Nacken war die Haut dunkel. Tiny war im Fellwechsel! Also eine ganz einfache Erklärung.

Eigentlich kommen Frettchen erst circa zwei bis drei Wochen nach der Kastration in den Fellwechsel. Aber eine Nachfrage beim Tierarzt brachte die endgültige Erklärung. In Tinys Fall galt nicht der Zeitpunkt der Kastration, sondern der Tag der Hormonspritze. Somit war alles im zeitlichen Rahmen.

Eine Woche später wurden die Fäden gezogen.

Ein ganz normaler Tag

Ein ganz normaler Tag beginnt üblicherweise mit dem Klingeln des Weckers. Da ich aber nicht unbedingt zu den Frühaufstehern gehöre (ich bin eher ein Morgenmuffel), bleibe ich meist noch kurz liegen. Während ich dann die In-5-Minuten-nochmal-wecken-Taste drücke und mich auf die andere Seite drehe, höre ich schon Merlin durch die Wohnung tapsen. Spätestens wenn mein Wecker klingelt ist mein weißer Riese munter. Manchmal kommt er auch schon ein paar Minuten, bevor der Wecker losgeht, an mein Bett, um zu gucken, ob Frauchen schon wach ist. Er ist eben ein Frühaufsteher. Irgendwann quäle ich mich dann aus dem Bett und schlurfe ins Badezimmer. Auf dem Weg dahin wird jedes Frettchen, das mir begegnet, kurz getätschelt. Also natürlich Merlin, und oft läuft mir Smart auch über den Weg. Die Damen schlafen meistens noch, nur ab und zu ist Tiny schon wach.

Wenn ich kurze Zeit später aus dem Bad komme, warten die Frettchen schon an der Wohnzimmertür und ich muss mir regelrecht einen Weg ins Zimmer bahnen. Nun sind die Ladys auch wach. Na ja, manchmal verschläft Julie etwas, und Kira braucht auch etwas länger, um munter zu werden, aber sie ist ja auch schon eine betagte Dame.

Die Tiere, die ich vorher noch nicht begrüßt habe, bekommen jetzt ein paar Streicheleinheiten. Dann schnappe ich mir Müllbeutel und Schaufel und mache mich daran, die unzähligen Katzenklos zu säubern. Um auch kein Klo zu übergehen, habe ich eine feste Route. Sie beginnt im Schlafzimmer. Während ich dort so putze, toben Smart und Tiny meist eine Runde auf dem Bett. Wenn ich im Schlafzimmer fertig bin, mache ich ein Fenster auf, um ordentlich durchzulüften, und setze meine Runde im Wohnzimmer fort, bis ich schließlich bei den Klos im Käfig angelangt bin.

Dann bekommt Kira ihre erste Medikamentenration. Wenn es ihr gut geht, steht sie, während ich alles vorbereite, meist schon neben mir und schaut mich erwartungsvoll an. Sie weiß genau, dass es nun Paste gibt. Dass Tabletten untergemischt sind, stört sie nicht. Wenn es Kira nicht so gut geht, schläft sie meist noch und ich muss sie wecken.

Als nächstes nehme ich die Futter- und Wassernäpfe in Angriff. Also sammle ich sämtliche Schüsseln, Näpfe und Nippeltränken ein und gehe ins Bad, um alles auszuwaschen. Meine fünf Krümelmonster warten dann schon immer ganz ungeduldig darauf, dass ich die Tür zum Flur und dann zum Bad öffne. Es wird sofort alles inspiziert und geprüft, ob noch alles in Ordnung ist. Während ich dann die Futterreste in der Toilette entsorge und die Näpfe mit heißem Wasser auswasche, haben die Herren der Schöpfung im Badezimmer ihr rauhes Spiel begonnen. Da das ja, wie schon beschrieben, mit einer enormen Geräuschkulisse verbunden ist und dies im gefliesten Bad einen tollen Lärmpegel gibt, scheuche ich Merlin und Smart zurück ins Wohnzimmer, wo die Klopperei weiter geht.

Nachdem die Näpfe sauber sind, wird schon mal der Wassernapf frisch gefüllt und hingestellt. Dann werden sämtliche Frettchen ins Wohnzimmer zurückbefördert und ich begebe mich in die Küche. Dort kommt Mineralwasser in die Nippeltränken, ich mache eine frische Dose Katzenfutter auf und fülle Trockenfutter nach. Manchmal weiche ich das Trockenfutter auch in lauwarmes Wasser ein.

Mit mehreren Näpfen und Wasserflaschen beladen, bahne ich mir dann meinen Weg zurück ins Wohnzimmer, denn die Rasselbande erwartet mich natürlich wieder an der Wohnzimmertür. Ich werde jedes Mal belagert, als hätten die fünf tagelang nichts zu fressen bekommen. Es ist jedes Mal Glück, dass ich nichts fallen lasse oder selber zu Fall komme, wenn mir die ganze Bande um die Beine läuft und an mir hochhüpft. Aber ich habe einen Trick, um unbeschadet die knapp zwei Meter zum Käfig zurücklegen zu können. Ich klopfe mit dem Fingernagel an einen der Näpfe, und wie auf Kommando rennen mindestens drei Frettchen los zum Käfig, drehen sich dort um und warten ungeduldig darauf, dass Frauchen endlich hinterherkommt.

Dann wird erst mal in sämtliche Näpfe reingeschaut und eventuell auch sofort etwas gefressen. Nun habe ich kurz Zeit, mich mal für fünf Minuten auf die Couch zu setzen und meinen fressenden oder spielenden Frettchen zuzuschauen. Aber fünf Minuten sind schnell um. Dann heißt es Fenster schließen und für die Arbeit anziehen. Danach werden die Frettchen eingesammelt und die Tür zum Schlafzimmer geschlossen. Noch schnell einmal durchzählen, ob auch kein Tier im Schlafzimmer vergessen wurde, und dann ab zur Arbeit.

Nach der Arbeit und eventuell noch nötigen Besorgungen werde ich zu Hause meist schon erwartet. Smart steht fast immer an der Wohnzimmertür, wenn ich hereinkomme. Und auch Merlin guckt dann um irgendeine Ecke. Tiny und Julie kommen mich auch begrüßen, nur Kira schläft meist noch. Also ist erst mal eine Runde Knuddeln angesagt. Dann wird die Tür zum Schlafzimmer wieder geöffnet und die Bande stürmt los, als dürften sie nur alle Jubeljahre mal in dieses Zimmer.

Ich werfe nun einen Blick in die Katzenklos im Wohnzimmer und je nach Benutzungsgrad entscheide ich, ob ich mich vorher noch schnell umziehen kann oder lieber sofort die Klos sauber mache. Meistens mache ich die Klos jedoch sofort sauber. Wenn ich dann endlich umgezogen bin, werden die Wassernäpfe kontrolliert und gegebenenfalls aufgefüllt. Eigentlich muss ich sie immer neu füllen, weil Smart mal wieder im Napf gebuddelt hat und auch nicht mehr ein einziger Tropfen übrig geblieben ist. Nun wird noch das Chaos im Zimmer beseitigt, soll heißen: Ich räume die CDs zurück in den Schrank, lege die Kissen wieder auf die Couch und so weiter.

Jetzt habe ich etwas Zeit für mich, kann mich auf die Couch lümmeln, Zeitung lesen, etwas fernsehen oder im Internet surfen, während die Frettchen durch die Wohnung toben. Früher oder später klinke ich mich aber in das Spiel meiner Monster mit ein. Meist spielen wir dann eine Runde Aufs-Bett-Werfen, das finden sie allesamt ganz toll und muckern dann immer fröhlich vor sich hin.

Wer dann immer noch nicht ausgepowert ist (meist die Jungs), wird noch mal ordentlich durchgeknuddelt und mit Ball- und Röhrenspielen beschäftigt. Bei diesen Spielen mit meinen Monstern kann ich mich immer total vergessen und den ganzen Stress des Tages abschütteln. Meist denke ich gar nicht darüber nach, aber manchmal überlege ich, was wohl ein Außenstehender, der keine Frettchen hat, denken würde, wenn er mich so sieht. Derjenige würde dann einen Menschen muckernd und andere seltsame Geräusche von sich gebend durch die Wohnung hüpfen sehen. Er würde sehen, wie ich auf allen vieren dem einen oder anderen Frettchen nachjage und dabei halb unter diverse Möbel krieche, in der höchsten mir möglichen Tonlage spreche, entzückt in die Hände klatsche und vor Begeisterung fast zusammenbreche.

Wenn die Nachrichten auf RTL vorbei sind, bekommt Kira für gewöhnlich wieder ihre Medikamente mit etwas Paste. Natürlich versuchen die anderen, auch etwas davon abzubekommen, und so bin ich ziemlich gut beschäftigt. Dann ist wieder Fütterungszeit. Vorher aber muss der Käfig gründlich gereinigt werden. Wieder können sich die Frettchen auf einen Ausflug ins Badezimmer freuen, weil ich schon mal sämtliche Näpfe auswasche.

Während die Monster im Bad spielen, wische ich den Käfig mit heißem Wasser und einem milden Spülmittel sorgfältig aus. Nur selten werde ich dabei von den neugierigen Nasen gestört. Manchmal kommt Merlin vorbei, aber spätestens wenn er über eine frisch gewischte und noch feuchte Etage läuft, oder besser gesagt, stakst (man könnte ja nass werden), macht er sich eiligst aus dem Staub. Manchmal schaut auch Smart nach dem Rechten. Er ist aber nicht so leicht in die Flucht zu schlagen, ganz im Gegenteil. Es gefällt ihm überhaupt nicht, was ich da mit dem Lappen mache, und er stürzt sich auf dieses nasse Ding und beißt zu. Allerdings erwischt er dabei öfter meine Hand als den Lappen, weswegen ich diesem Spielchen recht schnell ein Ende setze.

Wenn der Käfig dann fertig ist, sauge ich alle paar Tage noch schnell durch. Der Staubsauger übt eine schon fast magische

Anziehungskraft auf meine Frettchen aus. Sobald er im Zimmer steht, kommen alle angelaufen und müssen ihn, jederzeit zum Rückzug bereit, von allen Seiten untersuchen. Aber wenn ich ihn dann einschalte, ist von den neugierigen Entdeckern nur noch eine Staubwolke zu sehen, so schnell suchen sie das Weite. Nur Kira lässt sich von dem Krach überhaupt kein bisschen beeindrucken. Selbst wenn ich direkt neben ihr sauge, hat sie höchstens mal einen müden Blick dafür übrig.

Jetzt trampeln meine fünf schon ungeduldig mit den Pfoten, denn sie wollen ihr Futter! Also bahne ich mir mit dem Staubsauger in der Hand einen Weg in die Küche, die Frettchen müssen im Wohnzimmer bleiben. Nachdem der Staubsauger verstaut ist, wende ich mich der Futterzubereitung zu. Wenn es Dosenfutter gibt, ist das schnell erledigt. Eine Dose auf, den Inhalt in den Napf, fertig. Aber alle zwei Tage gibt es abends Fleisch. Entweder wird es nach der Arbeit frisch gekauft oder ich hole es, bevor ich morgens zur Arbeit gehe, aus dem Gefrierfach, dann ist es abends aufgetaut.

Die Zubereitung von Huhn, Pute, Herzen oder Mägen ist recht einfach – nur kleinschnippeln und fertig. Wachteln gibt es entweder ganz oder ich zerteile sie grob (Flügel, Keulen, Hals, Brust, Rücken). Die meiste Arbeit habe ich jedoch mit Rinderhack, es sei denn, ich kaufe es frisch. Wenn es mal kein frisches gab oder ich nicht einkaufen war, muss ich Rindfleisch durchdrehen. Dann baue ich meinen kleinen Fleischwolf zusammen und drehe fleißig drauf los. Dabei kommt man ganz schön ins Schwitzen, und wenn ich nun noch den Begriff Tennisarm in die Runde werfe, kann sich bestimmt jeder denken, was ich meine.

Der Rückweg ins Wohnzimmer gestaltet sich genauso schwierig wie morgens. Wenn es Fleisch gibt, sind die Krümel allerdings noch ungeduldiger. Also erwartet mich an der Tür eine ganze Traube von Frettchen, und jeder will natürlich wissen, was Frauchen da bringt. Wenn ihnen dann der Geruch von Fleisch in die Nase steigt, sind sie nicht mehr zu halten. Die ganz Schlauen, allen voran Merlin, stürmen dann sofort in Richtung Käfig und flitzen in die zweite Etage, weil sie genau wissen, dass ich das Fleisch anfangs dort hinstelle. Es gibt nämlich meist Streit und so sitze ich anfangs daneben und passe auf, dass auch jeder seinen Teil abbekommt. Merlin klaut den anderen das Fleisch furchtbar gerne aus dem Maul und das ziemlich rücksichtslos und grob. Gerade die Fähen haben da keine Chance. Also habe ich ein wachsames Auge darauf. Wenn der erste Hunger gestillt ist, was man sehr gut daran erkennen kann, dass begonnen wird, etwas für schlechte Zeiten beiseite zu legen, stelle ich den Napf erst mal weg. Julie und Tiny würden den sonst nämlich leer räumen und das Fleisch in allen Ecken der Wohnung verteilen.

Jetzt kehrt wieder etwas Ruhe ein und ich kann mir den Abendfilm ansehen oder in einem langen und ausführlichen Telefonat mit meinen Freunden aus Schwerin und Köln Neuigkeiten austauschen. Das eine oder andere Frettchen kommt währenddessen kurz zum Kuscheln vorbei.

Zwischen 22.00 Uhr und 22.30 Uhr erhält Kira das letzte Mal ihre Medikamente. Manchmal kommt es vor, dass ich etwas später dran bin. Dann kommt Kira aber schon suchend um die Ecke und guckt mich fragend an, wo denn die letzte Ration Paste bleibt. Danach ist dann in der Regel auch für mich Bettzeit. Zuvor werfe ich noch einen Blick in die Futternäpfe und fülle den Wassernapf auf, weil Smart den mal wieder ausgebuddelt hat. Dann werden die Katzenklos ein letztes Mal sauber gemacht und die Frettchen noch mal durchgezählt und ich verschwinde in den Federn.

Meistens muss ich mir das Bett erst erkämpfen, denn Julie und Tiny schlafen dort furchtbar gern. Ich muss meine beiden Damen meist aus den Decken schütteln und die müde blinzelnden Fähen aufs Schaffell oder in ein Kuschelkörbchen legen. Es gibt ein ungeschriebenes Gesetz, das besagt, dass die Frettchen zwar ins Bett dürfen, aber nur solange ich da nicht rein will. Sobald ich schlafen gehe, haben sie das Feld zu räumen und sich woanders niederzulassen.

Die meisten meiner Frettchen befolgen diese Regel, aber einige müssen natürlich aus der Reihe tanzen. Meist sind das

Smart und Tiny. Selbst wenn ich dann im Bett liege, wird noch ein paar Mal versucht, sich auch reinzuschleichen. Die ersten ein oder zwei Male werden die Störenfriede kommentarlos wieder runter auf den Boden gesetzt. Wenn das keinen Erfolg zeigt, wird das entsprechende Frettchen mit Namen angesprochen und mit einem scharfen "Nein!" runtergesetzt. Sollte jemand so hartnäckig sein und es ein viertes Mal versuchen, wird er nur noch mit einer Handbewegung vom Bett gewischt. Dann habe ich in der Regel Ruhe und mein Bett für mich allein.

Allerdings ist an Schlaf noch nicht zu denken. Smart hat nämlich ein ganz schlechtes Timing und wird gerade dann noch mal so richtig munter, wenn ich ins Bett gegangen bin. Da die anderen vier um diese Uhrzeit in der Regel auch schon schlafen, ist ihm natürlich langweilig und er sucht sich eine Beschäftigung. Und in dieser Hinsicht ist Smart äußerst erfinderisch. Abwechselnd versucht er dann, den Wassernapf auszubuddeln, einige der Katzenklos zu verschieben oder die Türen vom Kleiderschrank zu öffnen. Oder er kratzt wie ein Irrer an der Couch oder friemelt die Teppichleiste im Schlafzimmer ab.

Die ersten zwei Minuten verdrehe ich nur die Augen und versuche das Ganze zu ignorieren, indem ich mir die Decke über den Kopf ziehe. Aber nur in Ausnahmefällen hilft das. Ich ändere also die Taktik und brülle so etwas wie: "Ruhe!", oder: "Smart! Aus!", in die Richtung, aus der der Lärm kommt, in der Hoffnung, Smart ließe sich davon beeindrucken. Aber denkste! Der Herr stellt sich taub und macht fleißig weiter.

Ziemlich genervt und leicht gereizt stehe ich auf und poltere meckernd dem Ruhestörer entgegen. Der hat aber schon die Flucht ergriffen und flitzt fröhlich muckernd in die nächstbeste Röhre und bringt sich dort in Sicherheit. Meist muss ich dann schon grinsen, stampfe aber mit betont böser Miene auf sein Versteck zu. Smart ist total begeistert, dass endlich einer mit ihm spielt, und erwartet mich mit aufgerissenem Mäulchen und wild wedelndem Schwänzchen in der Röhre. Lachend erhält er dann von mir einen Stupser auf die Nase und eine ordentliche Standpauke, ehe ich wieder ins Bett hüpfe.

Dieses Spielchen wiederholt sich jeden Abend je nach Ausdauer der Beteiligten so zwischen drei und sechs Mal, bevor wirklich Ruhe ist und Mensch und Tier schlafen. Natürlich ist meine schlechte Laune von Mal zu Mal weniger gespielt. So geht ein ganz normaler Tag zu Ende.

Am Wochenende sieht es alles ein bisschen anders aus. Frettchen haben aber leider kein Gefühl fürs Wochenende, für sie ist jeder Tag wie der andere. Samstags und sonntags gönne ich mir mal ein paar Stunden mehr Schlaf und der Wecker klingelt erst um acht. Aber, wie gesagt, Frettchen zeigen dafür absolut kein Verständnis. Sonst wird früher aufgestanden, also ist das auch am Wochenende so. Und pünktlich wie immer werden meine Jungs wach.

Bei Merlin ist das kein Problem. Er ist zwar meist etwas verwundert, warum ich keine Anstalten mache aufzustehen, und kommt dann neugierig gucken. Manchmal springt er auch zu mir ins Bett, dann wird er kurz geknuddelt und wieder runtergesetzt. Aber dann geht er seiner Wege. Sollte es allerdings ausnahmsweise mal vorkommen, dass der Futternapf leer ist (die kleinen Monster haben ja fast täglich einen unterschiedlichen Appetit – mal bleibt was liegen, mal ist alles sauber ausgeleckt) und ich aber noch im Bett liege, dann wird Merlin etwas ungehalten.

Wenn er Hunger hat, hat er Hunger, und Frauchen hat gefälligst nachzufüllen. Wenn ich das nicht bemerke, weil ich ja nun mal noch etwas schlafen will, dann macht mir Merlin unmissverständlich klar, was ihm missfällt. Er springt dann am Fußende in mein Bett und beißt mir herzhaft in die Beine. Das macht er wirklich nur, wenn er Hunger hat und nichts mehr da ist. Ich weiß dann also gleich, wo das Problem liegt, schnappe mir Merlin und schlurfe müde und mit halbgeöffneten Augen zum Käfig, setze dort Merlin ab und nehme dafür den Futternapf mit in die Küche. Dort greife ich mir die erstbeste Dose Katzenfutter, schütte sie noch im Halbschlaf in den Napf und schlurfe gähnend zurück zum Käfig. Merlin ist glücklich und zufrieden und ich falle zurück in mein Bett.

Ganz so einfach ist die Sache mit Smart nicht. Wenn er wach ist, ist er wach und Action ist angesagt. Wenn ich Glück habe, kann er Merlin oder eines der Mädels für ein Spiel begeistern und sie toben lauthals durch die Wohnung. Wenn ich Pech habe, wollen die anderen nicht spielen und Smart muss sich anderweitig beschäftigen. Dann beginnt er das gleiche Spielchen wie abends und er stellt irgendwelchen Blödsinn an. An Schlaf ist dann leider nicht mehr zu denken. Ich versuche es mit der gleichen Taktik, die ich allabendlich anwende, aber morgens bringt das überhaupt nichts. Smart ist außer Rand und Band. Wenn er es zu arg treibt, scheuche ich ihn ins Wohnzimmer und schließe die Tür. Dann kann ich mich noch mal kurz in die Federn legen und etwas schlafen.

Irgendwann stehe ich aber auch am Wochenende auf und Smart springt mir dann schon freudig entgegen. Jetzt wird kurz mit den Frettchen getobt, bevor ich im Bad verschwinde. Dann folgt die gleiche Routine wie jeden Tag – Klos sauber machen, füttern, Kira ihre Medikamente geben. Nach dem Fressen geben alle ordentlich Gas und flitzen und toben durch die Wohnung wie die Kaputten. Und es ist unglaublich, wie lange Frettchen am Stück wach sein und spielen können. Meist ist bis gegen elf Uhr Remmidemmi angesagt.

Ich liebe diese Vormittage mit meinen Frettchen. Wenn ich sie mit strahlenden Augen durch die Gegend flitzen sehe, ist das das Schönste für mich. Während sie durch die Wohnung toben, frage ich mich manchmal, was unter der Woche, wenn ich auf Arbeit bin, hier so abgeht. Es muss recht ordentlich zur Sache gehen, denn an manchen Tagen herrscht Chaos im Zimmer, wenn ich nach Hause komme. Dann habe ich mir schon oft gewünscht, ich könnte mal Mäuschen spielen und mit ansehen, was die fünf so anstellen, wenn sie sich unbeobachtet fühlen.

Gegen Mittag zieht sich die Rasselbande jedenfalls langsam in die Schlafkörbchen zurück und ward für die nächsten sechs Stunden oder länger nicht mehr gesehen. Jetzt kann ich ohne schlechtes Gewissen tun, wonach mir gerade ist – mich mit

Freunden treffen, shoppen gehen, am PC arbeiten oder was auch immer. Abends zur gewohnten Fütterungszeit tauchen die kleinen Monster alle wieder auf. Nach dem Fressen wird wieder ausgelassen getobt, wenn auch nicht so lange wie vormittags.

Obwohl ich am Wochenende in der Regel später ins Bett gehe, folgt doch meist das gleiche Prozedere wie jeden Abend. Die Ladys muss ich aus meinem Bett vertreiben und mit Smart noch ein paar Mal streiten, ob nun für heute Schluss ist oder nicht.

Zu guter Letzt was zum Schmunzeln

Zum Schluss noch etwas zum Schmunzeln. Es ist jedes Mal spannend und nicht selten kurios mit anzusehen, wie fremde Menschen auf Frettchen reagieren. Beim Tierarzt oder auf Spaziergängen wird man regelmäßig angesprochen. Viele Leute kennen Frettchen und bringen sie immer noch mit der Hasenjagd in Verbindung. Wenn ich dann aber erzähle, dass ich sie wie Hund und Katze als Haustiere halte, ist das Erstaunen groß. Dann kommen oft neugierige Fragen nach der Unterbringung und Fütterung. Und nicht selten wird gefragt, ob die Tiere auch nichts annagen. Ab und zu kommen aber auch sehr merkwürdige Bemerkungen. Da wird dann gefragt, ob es sich bei den Tieren um kleine Hunde, Meerschweinchen oder gar Eichhörnchen handelt.

Einmal war ich mit Merlin beim Tierarzt zum Impfen. Ich hatte gerade bezahlt und wollte gehen. Eine ältere Dame schaute neugierig in den Kennel. Mit einem besorgten Gesichtsausdruck wandte sie sich an mich und meinte, das arme Tier müsse wirklich sehr krank sein, denn es habe ja ganz rote Augen. Während ich aus dem Augenwinkel sah, wie sich der Tierarzthelfer eins lachte, konnte ich meinen Lachanfall mühsam unterdrücken und klärte die alte Dame auf, dass alles in Ordnung sei und Albinos nun mal rote Augen haben. Auf dem ganzen Heimweg hab ich mich noch köstlich über diese Bemerkung amüsiert.

Eine weitere Geschichte veranlasst mich auch heute noch zu einem breiten Grinsen. Das Jahr war rum, und es war mal wieder Zeit, den Heizungsverbrauch abzulesen. Die Firma hatte sich angekündigt, war aber viel zu früh dran und ich hatte die Tiere noch nicht in den Käfig gesperrt. Ziemlich eilig wollte einer der beiden Männer in mein Zimmer stürmen. Bevor er die Tür öffnen konnte, rief ich ihm zu, er solle vorsichtig sein, es seien Tiere im Zimmer. Schlagartig wurde der Mann ziemlich blass, machte einen Satz rückwärts und fragte nervös, ob es sich um Kampfhunde handele. Mit einem Grinsen im Gesicht antwortete ich: "Nein, keine Kampfhunde, aber so ähnlich." Freundlicherweise überließ er es mir dann, als Erste ins Zimmer zu gehen. Durch den Tumult auf dem Flur hatten sich die Frettchen aber verkrochen und er bekam keines zu Gesicht.

Bisher habe ich die Erfahrung gemacht, dass Männer ängstlicher auf Frettchen reagieren als Frauen. Die Reaktionen sind ganz unterschiedlich. Einige erstarren regelrecht, sobald sich eines der Tiere nähert. Andere springen auf Mauern oder flüchten über Tisch und Bänke, gefolgt von einem Frettchen, das ganz viel Spaß an dieser Verfolgungsjagd hat.

Wenn es sehr heiß ist und Mensch und Tier nach Abkühlung lechzen, tu ich meinen Monstern ab und an was Gutes und lasse sie baden. Also ein Katzenklo (ein sauberes natürlich) randvoll mit Wasser gemacht, ein paar Leckerlis als Ansporn reingeworfen und die Krümel gerufen. Nein, was war man entzückt. Kira wollte nix mit dem nassen Element zu tun haben, aber Julie näherte sich vorsichtig. Mmmh, ist ja nass, muss ich nicht haben, aber was steigt mir denn da für ein Duft in die Nass – Leckerchen. Na, dafür reckt und streckt man sich doch gerne mal.

So saß sie also am Rand des Klos und versuchte verzweifelt, die Leckerlis zu erhaschen und dabei trocken zu bleiben. Dumm nur, dass Frauchen so fies war und alles in die Mitte geworfen hatte. Nun ja, ein Tauchversuch und Julie meinte, der Aufwand wäre höher als der Nutzen. So war sie also nass, aber nicht satt.

Ganz anders Merlin. Mein weißer Riese liebt Wasser über alles. Er kam also angaloppiert, bremste kurz vor dem Klo und tauchte auch schon seinen Kopf unter. Dann erst mal ausatmen – unter Wasser natürlich. Ein Leckerli erhascht und erst mal in Sicherheit bringen. Das ging dreimal so, dann waren die Leckerchen alle. Macht nichts, dachte sich Merlin und watete ein paar Mal quer durchs Klo, den Kopf dabei immer schön unter Wasser.

Danach nahm man dankbar das Handtuch an, was Frauchen einem entgegenhielt und es wurde sich ordentlich trockengerubbelt.

Nachdem nun alle ordentlich erfrischt waren, hatten die Herrschaften auf einmal mächtig Lust zu toben. Und so sausten sie noch eine gute Viertelstunde völlig durchgeknallt durch die Bude. Selbst meine alte Dame, die ich gegen ihren Willen etwas nass gemacht hatte, war am Hüpfen wie ein Gummiball. Nun hatten sie sich alle wieder etwas beruhigt. Und Frauchen hatte natürlich auch was von der Plantscherei – die durfte die Überschwemmung im Badezimmer aufwischen.

Schlusswort

Das war also mein erstes Buch. Ich hoffe, es hat dem Leser gefallen. Es ist nicht perfekt, aber ich bin doch ziemlich stolz darauf.

Ich habe schon immer gerne geschrieben und jedem, der es wissen wollte (oder auch nicht) von meinen Frettchen erzählt. Als ich wieder mal ein neues Frettchenbuch entdeckte und bestellte, war bei der Lieferung auch eine Broschüre von BoD dabei. Das weckte meine Neugier, und meinen Ehrgeiz, zumal ich erst kurze Zeit zuvor bei der Bewertung eines anderen Frettchenbuches von der Autorin eine ziemlich unhöfliche Antwort erhalten hatte mit der Bemerkung, ich solle es doch erst mal besser machen. Also fing ich im Sommer 2004 an zu schreiben. Ich setzte mir keinen Zeitplan und behielt die Sache für mich. So setzte ich mich nicht selber unter Druck.

Manchmal schrieb ich jeden Tag mehrere Seiten, manchmal saß ich vor dem Computer und starrte auf den Bildschirm, ohne dass etwas Brauchbares dabei herauskam. Ich hätte nicht gedacht, dass es so schwierig ist, alles in Worte zu fassen. Wenn ich an meine Tiere denke, sehe ich sie natürlich sofort vor meinem geistigen Auge. Ich kenne ihre Macken und Vorlieben. Aber das musste ich für Außenstehende verständlich und bildhaft aufs Papier bringen, was nicht immer einfach war.

Ich habe mich bemüht ausführlich und bildhaft zu schreiben. Allerdings bin ich nicht der Typ, der seitenlang über eine Autofahrt schreiben kann. Schon in der Schule waren meine Aufsätze immer deutlich kürzer als die der anderen, obwohl inhaltlich das Gleiche drin stand. Also bitte ich um Nachsicht, wenn das eine oder andere etwas zu kurz gekommen ist. Manchmal sind die Übergänge etwas holprig. Nun ja, aller Anfang ist schwer.

Sicherlich ist dem einen oder anderen aufgefallen, dass ich so gut wie nie Namen von Personen, Orten oder Medikamenten nenne. Da ich niemandem von meinem Buchprojekt erzählt hatte, konnte ich auch die betreffenden Personen nicht fragen, ob es ihnen recht ist, namentlich erwähnt zu werden. Also habe ich auf Namen verzichtet. Bei den Medikamenten dient diese "Anonymität" eher der Vorsicht. Nur weil sie bei meinen Frettchen geholfen haben, muss das nicht immer der Fall sein. Zumal ich nicht immer alle Symptome beschrieben habe. Also bitte keine Experimente. Euer Tierarzt wird schon wissen, was er tut. Wenn ihr ein ungutes Gefühl habt, holt eine zweite Meinung ein oder wechselt den Tierarzt.

Teilweise war die Schreiberei richtig stressig. Ständig fielen mir neue Themen ein, die ich vorerst stichpunktartig notierte und dann in die Geschichte einbauen musste. Als die Rohfassung fertig war, druckte ich alles aus und begann mit der Überarbeitung. Es wurde hier gestrichen und dort etwas hinzugefügt, die Rechtschreibung und Grammatik korrigiert (selbst das beste Rechtschreibprogramm findet nicht alle Fehler), ganze Sätze wurden umgebaut, bis ich mit dem Ergebnis zufrieden war.

Manchmal machte ich mir auch selber einen Strich durch die Rechnung. Es gab Tage, da war ich sehr zufrieden mit meinem Werk und mächtig stolz darauf. Dann gab es wieder Tage, wo ich totale Panik bekam. Was, wenn es den Lesern nicht gefällt, wenn sie mich in der Luft zerreißen? Was, wenn ich bei der Frettchenhaltung irgendwo einen großen Fehler gemacht hatte und den Unsinn auch noch schriftlich und für alle Zeit festhielt? An solchen Tagen wollte ich am liebsten alles hinschmeißen. Doch ich machte mir jedes Mal wieder Mut.

Wenn ich irgendwo und irgendwann mal einen Fehler gemacht haben sollte (und das habe ich bestimmt; niemand ist vollkommen), dann ist das eben so. Ich kann es nicht ändern, nur daraus lernen. Das ist kein Fachbuch und es soll auch keines sein. Ich schreibe hier lediglich auf, was ich mit meinen Frettchen so alles erlebt habe. Ich fordere niemanden auf, es mir gleich zu tun. Und wenn es den Lesern nicht gefällt, na und! Geschmäcker sind zum Glück verschieden. Es soll ja nicht jedem gefallen, und so grottenschlecht, dass es keiner lesen will, wird es schon nicht sein. Die Hauptsache ist, dass es mir gefällt und ich stolz auf mein Buch bin. Und das bin ich.

Da man sich ja heutzutage leider rechtlich immer absichern muss, möchte ich zu guter Letzt nochmals und ausdrücklich darauf hinweisen, dass es sich beim vorliegenden Buch um **kein** Fachbuch handelt! Ich habe einfach nur das zu Papier gebracht, was ich bisher mit meinen Tieren erlebt habe. Von daher übernehme ich auch keinerlei Haftung.